KB217050

천 번을 부서져도
그대는 여전히 바다다

일러두기

- 본문에 인용한 경전의 정보는 부록으로 정리하였습니다.
- 경전의 표기법은 아래의 기준을 따랐습니다.

『 』: 초기 경전들의 묶음인 니까야와 니까야에 포함되지 않는 개별 경전, 그
　　　리고 경전의 해설서인 논서의 명칭을 표시

「 」: 니까야에 수록된 경전과 그 외의 경전을 구성하는 품(챕터)을 표시

〈 〉: 법구경 내부의 품과 승려들 사이의 대화록을 표시

《 》: 경전 이외의 도서를 표시

천 번을 부서져도
그대는 여전히 바다다

내 삶을 사랑하게 하는 붓다의 말

정상교 지음

스몰빅라이프

작은 파도 때문에
그대가 바다임을 잊지 마라

AI, 로봇, 유전공학 등 하루가 멀다 하고 과학 기술은 눈부시게 발전하고 있지만, 사람들이 예전보다 더 행복해진 것 같지는 않다. 오히려 유튜브나 인스타그램에서 '좋아요'를 많이 받는 영상을 보면, 기쁘고 즐겁고 신나는 영상보다 슬프고 힘들고 괴로운 영상이 훨씬 더 많다. 나는 이 시대를 살아가는 사람들의 고통에 직면할 때마다 붓다가 남긴 이 말이 떠오른다.

"불행한 이는 그 내면이 늪처럼 어지러운데, 그 사실을 모른 채 화려한 옷과 장신구로 겉만 닦고 있구나!"

우리가 불행해지는 가장 큰 이유는, 내가 언제, 어떻게, 무엇으로 행복한지도 모른 채 세상이 행복이라고 말하는 것들에 휩쓸리듯 살아가고 있기 때문이다. 물론 우리의 삶을 힘들게 하는 외부 요인은 분명 존재한다. 마음처럼 흘러가지 않는 인간관계가, 노력해도 쥘 수 없었던 불공정한 기회가 내 삶과 마음을 괴롭힌다. 이를 부정하는 것은 삶 자체를 부정하는 것이기도 하다. "그 어떤 일이든 긍정적으로 생각해야 한다. 그래야 좋은 일이 따라온다."라며 긍정적인 사고를 강조하는 목소리도 있지만, 대책 없는 긍정은 오히려 현실을 외면하게 하고 마음의 병을 키울 뿐이다.

그래서 붓다가 우리에게 가장 먼저 주문하는 것은 현실을 직시하라는 것이다. 삶은 고통으로 가득차 있으니 그 고통을 외면하지 말고, 고통에 부닥치라는 것이다. 그 힘든 고통에 어떻게 부닥치고, 그것을 어떻게 이겨낼 수 있냐고? 붓다는 말한다. 당신에겐 그럴 힘이 충분할 뿐만 아니라 오히려 넘치고 있다고. 당신이 무서워하거나 두려워서 피하지만 않는다면, 당신은 인생에 밀려들어 오는 모든 불행을 오히려 행복으로 바꿔 버릴 힘이 있다고. 그래서 붓다가 말하는 행복이란 결코 뜬구름 잡는 소리가 아니다. 그 행복은 현실을 직시하는 것에서부터 시작하기 때문이다.

붓다의 가르침은 2,500년이 지난 지금도 여전히 유효하고 깊은 감동을 준다. 그리고 붓다의 말은 논리적이고 체계적이며 무엇보다도 쉽다. 널리 알려진 불교 경전의 문구 중, "천둥소리에 놀라지 않는 사자와 같이, 그물에 걸리지 않는 바람과 같이, 무소의 뿔처럼 혼자서 가라!"라는 말은 비유를 통해 주체적이고 당당한 삶을 살아가라고 조언한다. 또, "걱정과 근심은 때때로 나를 좌절시키지만 그 모든 것은 잠시 지나가는 구름일 뿐, 내 안에는 태양처럼 빛나는 성품이 있다."라는 가르침은 어린아이라도 이해할 수 있을 정도로 쉽고 직관적이다.

요컨대 붓다는 지극히 평이하고 쉬운 말들로 자신의 가르침을 채워나갔다. 어려운 철학 용어를 사용하기보다는 누구나 이해할 수 있는 일상의 비유로 가르침을 전했다. 왜 그랬을까? 그 이유가 궁금했던 제자들이 하루는 붓다에게 물었다.

"스승님의 위대하고 감동적인 사상을 더 격조 높은 문체로 바꾸어 전하면 어떻겠습니까? 그러면 스승님의 권위가 더 높아지지 않을까요?"

그러자 붓다는 이렇게 대답했다.

"내가 전하는 진리란 한 사람의 인생이라도 더 많이 구원하기 위한 것이니, 많이 배운 사람도, 적게 배운 사람도 누구나 쉽게 이해할 수 있도록 더 쉬운 말로 전해야 한다."

이 책에서는 붓다가 세상 모든 이들에게 들려주고자 했던 감동적이고 이해하기 쉬운, 그의 원래 목소리를 담으려 노력했으며, 방대한 분량으로 전해지는 붓다의 가르침 중 불교 사상에서 빠질 수 없는 중요한 100가지 말씀을 엄선해서 쉽고 간결하게 제시했다. 그리고 어려운 한문 용어는 가급적 순화하고, 우리가 익숙하게 듣는 일상의 용어로 서술하였다.

또한 이 책은 그간 출간된 불교 서적을 보며 내가 느꼈던 아쉬움을 보완하며 쓴 것이다. 불교를 20년 넘게 연구해 온 사람으로서, 시중의 불교 서적을 볼 때면 그 안에 담긴 내용이 과연 붓다의 가르침이 맞는지 의문이 들 때가 많았다. 예를 들어 "착하게 살자", "욕심을 버리자", "타인을 사랑하자" 정도의 짧고 추상적인 문구만 인용하고는 붓다의 말씀이라고 써놓은 책들이 많다. 하지만 이런 말은 소크라테스도, 공자도, 예수도, 그리고 부모님도 하는 이야기다.

그래서 이 책에서는 한국, 인도, 중국, 티벳 등에서 역사적으로 존재했던 위대한 수행자들이 해석한 붓다의 실제 가르침을 정리했고, 그것을 현시대에 맞게 재구성했다. 그리고 경전의 출처 역시 정확하게 밝혀놓았다. 오랜 시간 불교를 전문적으로 연구해 온 사람으로서, 붓다의 말씀을 쉽고 간결하게 풀어내되 그 정확성을 지키고자 한 것이다.

그럼에도 결국 이 책은 붓다의 말에 대한 나의 개인적인 해설서이기도 하다. 붓다는 제자들에게 항상 강조했다. 자신의 말이라고 해도 맹목적으로 믿지 말고, 언제든지 상황에 맞게 수정할 수 있음을 잊지 말라고 말이다. 붓다는 "세상의 모든 것은 변화하기 마련"이라며, 자신의 가르침 역시 때에 맞게 받아들여져야 한다는 사실을 늘 염두에 두었기 때문이다.

붓다는 "너 자신의 등불이 되어라."라는 그의 말처럼, 언제나 내 마음의 힘을 믿고 나아갈 것을 강조했다. 누구나 자신의 내면에 '스스로의 등불이 될 힘'을 지니고 있다는 사실을, 그는 한 치도 의심하지 않았기 때문이다. 결국 이 책에 담긴 붓다의 가르침을 어떻게 받아들이고, 삶에 어떻게 적용할지는 오롯이 우리 자신에게 달려 있다.

나는 이 책을 읽는 당신이 인생에 수시로 출렁이는 작은 파도 때문에 낙심하거나 좌절하지 않기를 바란다. 수많은 파도가 당신의 인생을 할퀴고 넘어뜨리고 부수려 해도 당신이 드넓고 깊은 바다와 같은 존재라는 사실은 변치 않기 때문이다. 평온하기만 한 삶은 없을 것이다. 그럴수록 내 마음의 힘을 믿고 나아가라. 그대가 바다임을 잊지만 않는다면 그 어떤 파도도 당신의 삶을 흔들지 못할 것이다.

오늘도 파도치는 삶 속에서,
정상교

차례

2장

모든 감정은 작은 파도일 뿐이다

3장
오직, 지금 이 순간을 살아라

4장
내 안에서 부는 바람에 흔들리지 마라

5장
세상의 소음이 나를 방해하지 못하게 하라

6장
무소의 뿔처럼 혼자서 가라

그대라는 바다의 깊이를 믿어라

001 빛은
내 안에서 시작된다

우리는 본래 빛나고 고귀한 성품을 가지고 있다. 구름이
잠시 태양을 덮고 있듯 그 빛나는 성품이 어리석음에 의
해 일시적으로 가려져 있을 뿐이다.　　　　　『보성론』

비가 와서 잔뜩 흐린 날 비행기를 타 본 적이 있
는가? 활주로를 달려 빗줄기를 뚫고 이륙한 육중한
기체가 계속해서 더 높은 하늘로 날아오르면, 땅 위
를 잔뜩 덮고 있던 구름층을 통과하게 된다. 그리고
마침내 비행기가 적정 고도에 도달한 순간, 구름은
비행기 아래에 양탄자처럼 깔리고, 지상에서는 보이
지 않던 태양이 비행기 창문을 통해 강렬한 빛을 내
눈에 비춘다.

요컨대 태양은 지상에서 보이지 않았을 뿐, 원래
그 자리에 있었다. 우리의 본성 또한 눈부시게 빛나
는 태양과 같다. 우리가 좌절하고 약해지고 의심하고
눈물짓는 이유는 잠시 구름이 '나'라는 태양을 가렸

기 때문일 뿐, 우리의 빛나는 본성은 언제나 그 자리에 있다.

살면서 겪게 되는 고뇌를 두고 붓다는, 원래 나의 것이 아니라 밖에서 '손님처럼 찾아온 티끌 같은 번뇌'라는 의미에서 '객진번뇌客塵煩惱'라고 불렀다. 쉽게 말하자면 '진상손님'과 같은 의미이다.

그런 진상손님에게 애써 하나하나 대응할 필요가 있을까? 실랑이를 벌이며 싸우면 나만 지치고 힘들어진다. 그저 빛나는 내 마음을 잠시 어지럽혔다가 떠나는 진상손님이라고 알면 된다.

그러니 짜증 나고 힘들 때는 잊지 말고 되뇌어 보라. '너는 진상, 나는 태양!'이라고.

002 오직 나만이 나를
행복하게 할 수 있다

스스로를 다스릴 수 있을 때 세상에서 가장 고귀한 수호
자를 만나게 되리니.

『법구경』〈자기 자신에 관한 품〉

행복과 괴로움은 내가 행한 행동의 결과다. 바른
행동에서는 좋은 결과가, 나쁜 행동에서는 반드시
괴로운 결과가 뒤따른다. 그 행복과 괴로움을 불러일
으키는 행동은 바로 내 '마음'에서 비롯한 것이다. 다
른 사람이 그 행동을 하도록 만든 것도 아니고, 어떤
초월적인 존재가 그렇게 하도록 시킨 것도 아니다.

만약 행복과 괴로움의 원인을 알 수 없는 힘으로
부터 찾게 된다면 나는 초월적 존재의 절대적인 힘에
의지하는 수동적인 존재가 될 수밖에 없다. 하지만
그 원인이 내 마음과 내 행위에 있음을 안다면 나는
스스로의 힘으로 나를 다스릴 수 있고, 지금 마주친
괴로움을 주체적으로 없앨 수 있다.

　　　　　　1장 그대라는 바다의 깊이를 믿어라

003 내 마음의 상태는
주변을 보면 안다

혼란한 생각과 격렬한 탐욕에 사로잡힌 사람이 갑자기 마음을 깨끗이 비우려 한다면, 갈망은 더욱 커지고 속박은 더욱 강해진다.

『법구경』〈갈애의 품〉

누군가와 비교하고, 누군가를 험담하고 미워하고 시기하면 그 순간에는 쾌감을 느낄지라도, 결국 내 마음은 그러한 습관에 물들어간다.

이러한 마음가짐과 습관으로 하루하루를 보내다 어느 날 갑자기 마음을 다스리겠다고 눈을 감고 앉아 있어 본들, 마음의 파도는 가라앉기는커녕 더욱 거세질 뿐이다. 비교와 험담, 미움과 시기의 대상만 더욱 강렬하게 떠오르는 것이다. 마치 규칙적인 생활과 식습관 없이, 갑자기 피트니스 클럽에서 운동하거나 값비싼 건강식품을 먹는다고 해서 건강해질 수 없는 것과 같다. 요컨대 마음을 평온하게 가꾸는 첫걸음은 어려운 명상 기법이나 책 속의 이론이 아닌,

일상 속 나의 작은 변화에서 시작되어야 한다.

지금 이 순간 내 방과 사무실을 둘러보자. 외출 후 벗어 둔 옷과 양말이 여기저기 흩어져 있지는 않은가? 책상 위에는 늘 정리되지 않은 물건들이 어수선하게 쌓여 있지는 않은가? 이 작은 습관부터 바꿔 보자. 하루, 이틀, 사흘…. 나의 작은 행동과 습관에 주의를 기울이는 꾸준한 노력 속에서, 내 마음은 좋은 향기로 물들기 시작한다. 마치 뱀이 대나무 속을 지나갈 때 올곧게 몸을 펴듯, 일상 속 절제와 다스림은 비틀거리는 마음을 똑바로 펴지게 한다.

004 스스로 빛나는 보석이 돼라

두 사람만 있어도 다툼은 일어나고 여러 사람들 속에 있으면 부탁이 많으니, 남들이 넘보지 못할 자유를 위해 코뿔소의 뿔처럼 혼자서 가라.　『숫타니파타』「코뿔소 뿔의 경전」

우리나라는 인연, 지연, 학연을 유독 중요하게 여기는 문화가 있다. 그래서 주말이면 이렇게 얽힌 사람들의 결혼식이나 조문 등등으로 쉬지 못할 때가 많다. 그뿐만 아니라 고향, 학교 선후배와의 모임에도 얼굴을 내밀어야 하기 때문에 연말에도 바쁘다. 어떤 모임에 참석하지 않으면 그 그룹에서 소외될 것 같아 두렵기 때문이다. 또한 이러한 만남이 언젠가 내게 도움을 줄 것이라는 믿음 때문에 나가기 싫더라도 억지로 나간다. 그 결과 만남의 즐거움은 온데간데없고, 그 자체가 사회생활과 일의 연장선이 된다.

사회적 인간관계에 끌려다니듯 살게 될 땐 길 위에 떨어진 보석을 생각해 보라. 그 보석을 누구든 서로 주우려고 경쟁하고 다툴 것이다. 사람 사이의 관계도 마찬가지다. 내가 만약 내 분야의 보석이면 그런 모임과 인간관계에 신경 쓸 일이 없다. 보석은 스스로 빛을 발하고, 멀리서도 그 빛이 눈에 띄기 때문이다.

물론 이러한 '인맥 관리'가 도움을 줄 때도 있다. 그것은 내가 보석이 될 가능성을 99% 준비하고 있을 때다. 그러면 주위로부터 1%가 보태져 100%로 채워질 것이다. 하지만 내 스스로가 50%도 갖추지 않고 있다면 그 어떤 인연, 지연, 학연도 나의 빈 곳을 채워 줄 수 없다.

005 오늘의 내가
내일의 나를 만든다

삶의 이치를 통찰하고 집착의 굴레를 벗어던진 이의 얼굴
은 청정하게 빛나고 있습니다.

『맛지마 니까야』 「성스러운 구함의 경전」

깨달음을 얻은 붓다가 세상에 첫 가르침을 펼
치기 위해 길을 가고 있었다. 그때 다른 교단의 수행
자가 범상치 않은 그의 모습을 보고 가르침을 구하
기 위해 말을 걸었다. "당신은 누구시길래 눈, 코, 귀,
입은 또렷하고 피부색이 그토록 아름다워 보이는지
요?" 깨달음을 얻은 붓다의 얼굴은 평온해 보였고
그로 인해 안색이 환히 빛나고 있었기 때문이었다.

이처럼 나의 얼굴과 몸짓에는 지난날 나의 행동
으로 채워 넣은 내 인생이 온전히 스며들어 있다. 장
미꽃 향기와 분뇨의 악취는 아무리 덮어 놓으려 해
도 멀리멀리 퍼져가듯 내가 쌓아 온 삶의 궤적과 생
각의 모습은 감출 수 없다.

006 내 인생의 등불은 내가 밝힌다

남에게 의지하지 말고, 스스로를 등불 삼아 스스로에 의
지하여 살아가라.　　　　　　　『다가니까야』「거룩한 열반의 경전」

　　"이 세상 모든 것은 영원하지 않다."라는 자신의
가르침처럼, 붓다 자신 역시 육체의 한계를 맞이하여
생의 끝자락에 서 있을 때였다. 슬픔과 두려움에 빠
진 붓다의 제자들은 지금까지 자신들을 이끌며 가르
침을 준 스승이 사라지면 이제 누구를 따르며 몸과
마음을 닦아야 하는지 붓다에게 물어보았다.

　　그러자 당신을 대신할 후계자를 정해 줄 것이라
는 제자들의 생각과 달리, 붓다는 '모두가 동등한 수
행 공동체의 일원이다.'라는 사실을 다시금 상기시켰
다. 그리고 제자들이 의지처로 삼아야 할 대상은 권
위와 권력을 가진 자신의 후계자가 아니라, 붓다가
이 세상에 왔든 오지 않았든 원래 이 세상에 존재하
고 있었던 진리라고 강조하였다. 자신은 그저 '모든

것은 영원하지 않고, 끊임없이 변해간다.'라는 그 보편타당한 진리를 알려 준 이에 불과하니 각자가 그 진리를 기반으로 스스로를 밝히며 나아가라는 것이다. 그 말을 남긴 후 그는 평온한 최후를 맞이하였다.

비교를 멈추는 순간
삶이 가벼워진다

자기 자신을 정복하는 것이 타인을 정복하는 것보다 더
큰 행복이다.
『법구경』〈천 마디의 이야기에 관한 품〉

맑고 고요한 호수에 비바람이 몰아쳐 물결이 일
렁거리고, 거기에 뚜껑이 열린 검은 잉크병까지 빠져
있다면 호수는 어떻게 변할까?

우리는 한 손 안에 들어온 스마트폰에 의해 눈
떠서 잠들기 직전까지, 이 나무에서 저 나무로 늘 산
만하게 옮겨다니는 원숭이처럼, 가까운 사람은 물론
전 세계 모든 사람들의 일을 쫓아다니게 되었다. 그
로 인해 우리의 마음에는 늘 누군가와 나를 비교하
는 비바람이 몰아친다.

SNS에 비친 타인의 모습은 모두 나보다 더 행복
하고 즐거워 보인다. 나만 늘 불행한 것만 같다. 여기
에 지고 싶지 않아 나 역시 작은 일도 과장해서 업로
드한다. 잘난 척하는 자만심의 파도가 출렁이고, 시

기 질투하는 콤플렉스의 잉크병이 쏟아져 마음을 검고 탁하게 만든다.

현대인들이 앓고 있는 정신적 고통의 가장 큰 원인은 사실 이러한 비교에서 비롯된다. 그래서 붓다는 말했다.

"진정한 승리자는 남들과의 비교를 통해 남을 이기려는 자가 아니라, 내 자신을 알고 스스로를 이기는 자다."

지금부터 비교를 끊어내기 위해 '나는 나일 뿐!'이라고 마음속으로 늘 외쳐 보자. 나만의 모습으로 온전히 설 수 있을 때, 우리는 비로소 깊은 마음의 병에서 벗어날 수 있을 것이다.

008 후회를 떨쳐낼 때 지혜가 생긴다

> 내가 한 일에 대해 누군가가 비난하면 쓸데없는 짓을 했다고 후회하게 된다. 그리고 그 후회는 고뇌를 동반한다.
>
> 『청정도론』

잠들기 전, 문득 과거의 행동이 떠올라 부끄러워져 소위 '이불킥'을 하는 경우가 있다. 용기라고 믿었던 행동은 무모한 객기였고, 멋있어 보일 줄 알았던 행동은 오히려 경솔했다. 반대의 경우도 있다. 부당한 지시를 하는 상사에게 내가 책임지는 팀의 어려움을 적극적으로 이야기했어야 했지만 침묵했다. 누군가에게 꼭 해야 할 말이 있었지만, 말할 기회를 놓쳤다. 결국 전하지 못한 말이 머릿속에서 떠나지 않는다. 하지 말아야 할 것을 해 버렸든, 회피하지 말아야 할 것을 회피해 버렸든, 나의 마음은 무겁게 짓눌린다. 그것이 후회이고, 나를 힘들게 하는 마음의 한 종류이다.

후회가 된다면 앞으로 달라져야겠다는 다짐과 함께 그 생각에서 벗어나자. 이를 통해 오히려 성장할 수 있기 때문이다. 만약 후회를 놓아주지 못한다면 마음은 어두워지고, 이것은 다시 분노로 변하고 만다.

과거를 탓하기보다는 그 경험을 통해 배워야 한다. 후회를 마음의 짐으로 남겨 둘지, 아니면 성장의 발판으로 삼을지는 나에게 달려 있다.

009 나는 지금 이 순간에도
변화하고 있다

소년 시절의 나와 청년 시절의 나와 지금의 나는 같은가
다른가? 초저녁에 불을 붙여 타기 시작한 촛불과 새벽에
타는 촛불은 같은가 다른가? 『밀린다왕의 물음에 관한 경전』

그리스 신화에 나오는 '테세우스의 배'는 목적지
까지 가면서 조금씩 배의 모든 부분이 교체된다. 그
렇다면 그 배는 이전의 배와 같은 배인가, 다른 배인
가? 우리 몸에서는 하루 평균 천억 개 정도의 세포가
죽고 그 자리에 새로운 세포가 생긴다. 이렇게 나를
구성하는 물질들이 끊임없이 바뀐다면, '지금의 나'
는 '과거의 나'와 같다고 해야 할까? 다르다고 해야
할까?

나를 포함한 이 세상 모든 존재는 이렇게 모든 순
간 변해간다. 따라서 그 모습은 다를지라도 예전의
나도 나였고 지금의 나도 나다. 그런데도 많은 사람
들은 젊고 아름다운 시절의 모습에만 머무르려 노력

1장 그대라는 바다의 깊이를 믿어라

한다. 그래서 과도한 성형을 시도하다가 더욱 힘든 상황을 맞이하기도 한다.

　과거의 '잘나가던' 나도 나의 모습이고, 그렇지 않은 지금의 나도 나의 모습이다. 특정한 순간에 머무를 수 있는 사람은 아무도 없다. 그것이 불가능하다는 사실을 인정하지 않고 애써 외면하려 한다면, 언제나 괴로움에 울부짖을 수밖에 없다.

010 내가 만나는 사람을 보면 나를 알 수 있다

수치심이 없고 양심이 없는 이들은 그들끼리, 정진하고 지혜를 가진 이들은 또 그들끼리 모이고 어울린다.

『상윳따 니까야』「삼매에 들지 못한 이의 경전」

연애나 결혼 상대를 만나기 위해 누군가를 소개받은 경험이 있을 것이다. 혹은 주위에 좋은 사람이 있어 그를 다른 지인에게 소개해 준 적도 있을 것이다. 그런데 그렇게 주선된 만남 후 좋은 관계로 발전하지 못한 사람들은 대부분 나보다 '못한' 사람을 소개받았다고 불평한다. 자신은 이 정도의 능력과 매력을 갖춘 사람인데 상대는 그에 비해 부족하다는 것이다. 그래서 소개해 준 지인에게 언짢은 감정을 드러내기도 한다.

그렇다면 상대방의 입장은 어떨까? 그는 과연 나를 그의 이상형으로 여겼을까? 그렇지 않다. 상대 역시 자신보다 못한 사람을 소개받았다고 불만을 가졌

1장 그대라는 바다의 깊이를 믿어라

을 것이다. 왜냐하면 우리는 저마다 가족이나 친구의 사랑을 받는 귀중한 존재들이며, 나름대로 원만한 인간관계를 구축해 온 사람이기 때문이다. 요컨대, 모두 '잘난 사람'이라는 뜻이다.

이렇게 모두가 '잘난' 사람인데도 왜 자신보다 '못난' 사람을 소개받게 되는 것일까? 나보다 못한 사람을 소개받아 자존심이 상한다면 생각을 바꿔야한다. 내가 소개받은 상대는 나보다 못한 사람이 아니라 바로 나 자신의 거울이라고. 두 사람을 서로에게 소개한 지인의 시각에서는 그들의 결이 비슷해 보였을 것이고, 그래서 두 사람이 잘 맞을 것이라 생각해 연결해 주었을 뿐이다. 한 걸음 더 나아가, 그 자리를 만든 지인 역시 나와 비슷한 사람이기 때문에 그 사람으로부터 비슷한 사람을 소개받는 것이다. 새들도 같은 깃털끼리 모이는 법이다.

나를 먼저 객관적으로 바라보자. 남들이 보는 나는 정확하다. 괜히 그렇게 보는 것이 아니다.

011 버려야 할 것은 욕망이지 내가 아니다

소가 끄는 수레가 더 이상 나아가지 않을 때, 그대는 계속 수레에만 채찍질을 가하고 있는 것은 아닌가?

『경덕전등록』〈남악과 마조의 대화〉

출가 후 위대한 스승들을 찾아다니며 다양한 수행을 했던 붓다는 육체를 괴롭히는 고행에도 몰두한 적이 있었다. 수많은 날을 굶어 뱃가죽은 등과 맞닿았고, 씻지 않은 머리에는 새가 둥지를 틀어, 그는 마치 숨만 쉬고 있는 해골과 같았다. 그렇게 고행에 매진하던 붓다는 어느 날, 몸을 괴롭힌다고 해서 지혜가 생기는 것이 아니라는 사실을 깨달았다. 건강하지 못한 육체가 오히려 참된 깨달음을 방해하고 있었던 것이다.

그리하여 그는 강에 들어가 몸을 씻고, 우유죽을 얻어 마셨다. 몸과 마음이 평온한 상태가 될 수 있도록 주위를 정리하고, 보리수나무 아래에 앉아 고요한 명상 수행을 시작하였다. 그리고 그는 버려야 할 것은 바로 번뇌를 만드는 '욕망'이라는 통찰을 얻었다. 따라서 욕망의 생성과 소멸을 명확하게 바라본다면 참된 행복을 얻게 될 것이라는 진리를 알게 되었다.

육체를 깨끗하지 못한 것으로 여겨 고행에만 천착하던 한때의 붓다처럼, 우리는 진정으로 끊어내야 할 것은 가만히 두고, 중요하지 않은 일로 소중한 나 자신을 괴롭히고 있는 것은 아닐까?

012 현명한 사람은 자기 자신을 공부한다

도공은 도자기를 만들고, 목공은 나무를 깎지만, 현명한 이는 자신을 다룬다.

『법구경』〈현명한 이의 품〉

인류는 언제나 행복을 추구해 왔다. 인류 4대 고대 문명의 발상지 중 한 곳이었던 인도에서는 아주 일찍부터 고도로 발달한 많은 종교와 사상과 철학이 존재하였고, 그들은 모두 영원불변한 행복에 대해 가르쳤다.

어떤 이들은 사후 세계는 존재하지 않으니 살아 있는 동안 쾌락을 추구하라 하였다. 또 다른 이들은 이번 생은 불완전하니 사후 세계에서의 영원한 안락만이 참된 행복이라고 가르쳤다. 그리고 어떤 이들은 절대적 존재자인 신에게 복종하는 것을 행복이라 가르쳤고, 또 다른 이들은 쾌락의 뿌리를 없애기 위해 지독한 고행을 강조하기도 하였다.

하지만 붓다는, 알 수 없는 사후 세계, 본 적도 없

는 신을 좇는 가르침, 끝없이 육체를 학대하는 모든 가르침은 행복의 길과 다르며, 오히려 어리석은 생각이라고 꾸짖었다. 그리고 그는, 우리가 참된 행복을 만나기 위해 진정으로 힘을 쏟아 탐구할 대상은 '행복', '천국', '신'이라는 욕망을 만들어내는 지금의 내 마음이라고 했다.

013 사람의 행동이
품격을 만든다

사람의 고귀함은 타고난 혈통과 걸치고 있는 옷이 정해 주지 않는다. 언제나 마음이 고요한 이들이야말로 고귀한 사람이다.

『법구경』〈브라흐만의 품〉

지금도 여전히 인도에서는 '카스트'라 불리는 악명 높은 신분제가 실질적으로 작동하고 있다. 붓다가 활동했던 고대 인도에서는 신분의 벽이 더욱 높고 견고했다는 뜻이다. 그런데 붓다의 가장 뛰어난 열 명의 제자 중 한 명은 당시 신분으로서는 천한 직업을 가진 사람이었다. 또한 불교 교단은 고등 종교 중 최초로 여성을 전문 종교인으로 받아들였다.

신분과 성별을 초월한 붓다의 포용력에 누군가가 불만스럽게 의문을 제기하였다. 그러자 붓다는 말했다.

"바닷물의 맛을 보고 그 바닷물이 어떤 강물로부터 왔는지 알아낼 수 없듯이, 우리 모두 진리라는 바다로 들어온 동일한 수행자들일 뿐이다."

또한 붓다는, 사람은 노력에 의한 행동으로 만들어지는 것이지, 타고난 신분이 그 사람을 만드는 것은 아니라고 했다. 가장 성스럽고 고귀하다는 집안에서 태어난다고 해도 그 행위가 비천하면 비천한 사람이 되는 것이요, 비천한 집안에서 태어났다 하더라도 그 행위가 고귀하면 고귀한 사람이 되는 것이라고 힘주어 말했다.

014 자신을 드러내지 않을 때
더욱 빛난다

붓다께서 저를 두고 깨달음을 얻었다 칭송하시지만 나는
그러한 생각을 가져 본 적이 없다. 그것이야말로 파멸로 이
끄는 집착이 되기 때문이다.   『금강경』

티벳의 정신적 지도자 달라이 라마 14세는 나라
를 잃은 후, 불교의 자비심에 기반한 평화 운동으로
1989년 노벨평화상을 받았다. 여기서 그의 호칭에
붙는 '14세'는 그가 14번째로 윤회한 달라이 라마임
을 나타낸다. 윤회는 불교의 중요한 개념 중 하나로,
달라이 라마의 존재와 그의 환생은 티벳 사회를 지탱
하는 중요한 역할을 한다.

물론 윤회를 믿지 않는 이라면 의문을 제기할 수
도 있다. 이미 인류는 반세기 이전에 달나라에 발자
국을 남겼고, 사람보다 더 사람 같은 인공지능이 우
리 생활 속에 스며들고 있는데 윤회라니! 언젠가 강
연을 마친 달라이 라마에게 외국 기자가 질문하기도

했다. 당신은 정말 14번째로 윤회한 존재가 맞는지, 그렇다면 전생의 일이 기억나는지. 그러자 노老 수행자는 언제나 그렇듯 멋진 농담으로 대답해 주었다.

"내가 노년기에 접어들어 한 달 전 일도 잘 기억이 안 나는데 전생의 일을 어찌 기억할까요. 저는 그저 수행자로서 열심히 노력하며 살아갈 뿐입니다."

여기에는 달라이 라마의 철학이 담겨 있다. 윤회를 믿지 않을 리 없는 그이지만, 그는 종교가 다르고 믿음이 다른 사람에게 자신의 종교적 교리를 이해시키려 강요하지 않는다. 한 걸음 더 나아가 각자에게 맞는 종교를 찾으라고 말한다. 그래서 기자에게 '전생이 존재하고 윤회가 존재하니 반드시 불교를 믿으십시오.'라는 대답을 하지 않은 것이다.

만약 그에게 '나는 달라이 라마의 14번째 환생자'라는 생각이 가득하면, 아무도 그를 '달라이 라마 14세'로 존경하지 않을 것이다. 진정한 깨달음을 얻은 사람은 결코 자신의 앎만이 진리라고 자만하거나 강요하지 않는 법이다.

015 시련은 몰랐던 나를
만나게 한다

불교를 소재로 한 영화나 드라마를 보면 괴팍한
스승이 제자에게 말도 안 되는 일을 시키거나, 뜻도
모를 대화를 나누는 장면이 자주 등장한다. 물론 이
러한 모습은 과장된 연출이기는 하지만, 출가하면 실
제로 이와 비슷한 상황이 발생할 때도 있다. 그리고
여기에는 중요한 이유가 있는데 바로, 제자의 '성격'
을 정확히 파악하기 위함이다.

사람의 성격은 복합적이라서 자기 자신도 정확
히 파악하지 못하는 경우가 많다. 따라서 스승은 다
양한 상황을 만들어, 제자가 그 상황 속에서 어떤 반
응을 보이는지 살펴본 후 성격을 파악한다. 성격에
맞는 최적의 수행법을 가르치려 하기 때문이다. 약
처방도 환자의 상태에 따라 달라야 하듯이 화를 잘

내는 성격인지, 조용한 성격인지, 낙천적인지 혹은 비관적인지에 따라 수행의 방식도 다르기 때문이다.

살아가다 보면 내가 해내지 못할 것 같은 다양한 일을 감당해야 할 때가 많다. 그런데 또 어떻게든 해내고 나면 나에게도 이런 면이 있었나 놀랄 때가 있다. 그러니 앞으로도 힘에 부친 일들을 만나게 되면 좌절하지 말고 이렇게도 생각해 보자. '아, 이번 일을 통해 나도 모르고 있었던 나를 만날 수 있으리라. 나에게 이런 면도 있었구나! 또다시 해 보자!'라고.

016 모든 일은
생각하기에 달렸다

어서 빨리 일어나라. 게으름을 피우는 것이 어떤 이익을
줄 수 있는가? 삶에 대한 걱정과 염려 속에 살면서 어찌
늦잠을 잔다는 말인가!   『숫타니파타』「열심히 노력함에 관한 경전」

세계에서 하루 유동 인구가 가장 많은 도쿄 최대
번화가 신주쿠역 가까이에는 '죠엔지常圓寺'라는 아
담한 사찰이 있다. 신주쿠가 개발되기 이전부터 자리
하고 있던 죠엔지는 현재 빌딩 숲속에 있는 사찰이
되었다.

이 절은 수십 년 전부터 일본에 유학 온 학생 중
소수를 선발해 부속 건물의 원룸을 제공해 주는 선
행을 베풀고 있다. 도쿄 중심부에 위치하고 있는데도
월 임대료는 물론, 각종 요금까지도 받지 않아 그곳
에 살게 되면 아주 크고 감사한 장학금을 받는 것과
다름없다.

그런데 이곳에서 살기 위해서는 하나의 조건을

지켜야 한다. '가능하다면' 아침 7시에 절 마당을 함께 청소하자는 것이다. 주지 스님은 그곳에 머물던 나에게 '한곳에 살면서도 마주칠 일이 잘 없으니 그저 서로 살아 있는지나 확인하자는 의미'라고 웃으면서 이야기해 주셨다. 그 말을 듣고 둘러본 절의 마당에는 큰 벚나무가 있을 뿐이어서 낙엽이 지는 가을 외에는 비질이 그리 필요하지도 않았다. 절 마당에 다른 쓰레기가 쌓일 리도 없어, 사실 청소라고 할 것도 없이 금방 끝나는 아주 간단한 일이었다.

그런데, '가능하다면'이라는 조건이 내가 아침에 눈 뜨는 것을 점점 방해하기 시작했다. '그래, 밤늦게까지 공부하다가 새벽에 잠이 들었으니 오늘 아침은 빠지자.' '어차피 나가 봤자 청소할 거리도 없으니 오늘 하루 빠지자.' 그렇게 한 번 빠지기 시작하니 나가지 않아도 될 이유는 백 가지, 천 가지도 만들어졌다.

그러다가 어느 날 문득 이런 생각이 들었다. 만약 누군가 나에게 이 물가 비싼 도쿄, 그중에서도 집값이 가장 비싸고 교통이 편리한 번화가에 공짜로 살게 해 줄 테니 하루 3번 의무적으로 마당만 청소해 달라고 한다면, 나는 힘들다는 이유로 하지 못했을까? 5번씩 하라고 한들 못하겠다고 했을까? 다른 곳에서 살 때 매달 내는 월세와 각종 요금을 아끼느라 얼마나 춥고 덥고 힘들게 지냈던가? 그 생활비를 충당하기 위해 아르바이트는 또 얼마나 했었던가! 그런데도 지금의 나는 꼭두새벽도 아닌 아침 7시에 비질 한 번 하는 것조차 이리 매번 빠지는가! 그때부터 생각을 바꿨다. '가능하다면'이 아니라 '반드시'로. 마당을 쓴다는 사실, 마당을 쓰는 데 걸리는 시간 등은 달라지지 않았고, 바뀐 건 생각뿐이었는데도 나는 매일 아침 일어나 비질을 하게 되었다.

결국 모든 것은 마음먹기에 달려 있다. 다르게 생각하고 다르게 바라보면 같은 조건과 환경이 또 다른 일상과 세상이 되어 다가온다. 이 깨달음이야말로 매일 똑같이 주어진 삶을 바꿔가는 첫걸음이 아닐까!

017 들숨과 날숨 사이에
내가 존재한다

들숨과 날숨에 집중하며 마음의 움직임을 알아차려라.
그로 인해 실로 훌륭한 열매가 그대에게 생길 것이니.

『맛지마 니까야』 「라훌라를 가르치는 긴 경전」

명상 수행을 '알아차림'이라고도 한다. 무엇을
알아차려야 하는 것일까? 바로 '마음의 움직임'이다.
정신을 집중하면 평소 인식하지 못했던 마음의 움직
임이 포착된다.

예를 들어, 깨끗한 도화지에는 아주 작은 먹물
한 방울만 떨어져도 쉽게 눈에 띄지만, 이미 복잡한
그림이 그려져 있다면 새로운 선과 색이 더해져도 알
아차리기 어렵다. 마음도 마찬가지다. 마음이 복잡하
면 또 다른 혼란스러운 마음이 생겨도 의식하기 어
렵다. 그 결과 감정의 흐름에 휩쓸려 화를 내고, 싸우
고, 괴로워하게 된다.

그러나 마음을 관찰하고 고요히 만드는 습관을

들이면 나를 괴롭히는 감정이 일어나기 전에 그 움직임을 포착할 수 있게 된다. 분노가 올라오기 전에, 탐욕과 질투가 싹트기 전에 마음의 움직임이 드러나기 때문에 감정을 다스릴 수 있고, 그러한 마음에 휩쓸려 가지 않게 된다.

하지만 눈에 보이지도 않고, 손으로 잡을 수도 없는 마음에 어떻게 집중할 수 있을까? 붓다는 들숨과 날숨에 주의를 기울이는 것을 하나의 방법으로 말하였다. 숨을 들이마시고 내쉬는 일에만 집중하면 마음이 고요해지고, 곧 깨끗한 도화지와 같은 내면이 보이기 시작할 것이다.

들숨과 날숨이라니! '붓다'라는 성인이 가르쳐 준 진리치고는 너무 시시하고 간단해 보이는가? 하지만 나와 너 우리 모두는 그 누구도 예외 없이 그저 들숨과 날숨 사이 어디쯤에 존재할 뿐이다.

1장 그대라는 바다의 깊이를 믿어라

018 내 운명은 오직 나만이 바꿀 수 있다

지혜가 없는 이들은 나를 구성하는 물질에도 영혼이 있다고 믿고, 내가 하는 생각에도 영혼이 있다고 믿고 있음이려니. 그로 인해 자신을 얽어매는 족쇄를 끊지 못하는구나.

『상윳따니까야』「자아를 구성하는 요소들에 관한 경전」

'나도 없고, 너도 없고, 인생은 공수래공수거空手來空手去다!'라는 식의 허무주의로 붓다의 사상을 오해하는 이들이 있다.

붓다의 가르침을 소위 '공空 타령'으로 오해하게 하는 대표적인 교리는 '무아無我 사상'이다. 무아를 한자 그대로 해석하면 '내가 없다'는 뜻이다. 하지만 지금의 나는 엄연히 가족의 일원으로, 사회의 한 사람으로 이렇게 존재하지 않는가. 내가 없다는 이야기는 말이 되지 않는다.

사실 무아는 '나는 존재하지 않는다.'가 아니라, '불변하는 영혼이나 정신이 존재하지 않는다.'라는 의미다. 만약 불변하는 영혼이나 정신이 존재한다면, 살아 있는 동안 나는 그것이 조종하는 빈 깡통 같은 존재가 될 뿐이기 때문이다. 이 경우 더 좋은 삶을 위한 나의 노력은 의미가 없어지고, 나는 오직 명령어가 입력된 기계처럼 사는 존재로 전락한다.

요컨대 무아란 허무적인 이야기가 아니다. 오히려 내 안 어디쯤에 존재하는지도 알 수 없는 영혼이나 정신에 의존하지 말고, 내가 바로 참된 자아임을 자각하고 살아가라는 적극적인 의미이다.

019 누구도 내 삶을 대신 살아 주지 않는다

그 어떤 이름의 신이나 악마도 자기 자신을 다스리는 사람을 패배시키지 못한다. 『법구경』〈천 마디의 이야기에 관한 품〉

붓다의 가르침을 다른 종교와 구별 짓는 아주 큰 특징 중 하나는 절대 권능을 지닌 '신'을 부정한다는 것이다. 물론 그의 이야기 속에는 많은 신이 등장한다. 하지만 그 신들은 인간보다 능력이 뛰어날 수는 있지만, 완전한 깨달음을 얻지는 못한 존재이다. 그래서 붓다는 신에게 모든 것을 내맡기고 의존하지 말라고 가르쳤다.

그런데 고대에나 지금이나 사람들은 마음이 약해질 때 절대적인 존재에게 의존하려 한다. 그래서 언변이 화려한 누군가가 신적인 존재를 만들어낸 후 그에게 초월적 힘이 있다고 주장하면, 마음이 약한 사람은 평생 일군 재산도 맡기고, 심지어 자신의 목숨까지 내놓는다.

붓다는 바로 이 점을 경계하였다. 사람들이 신을 찾는 이유는 진정 초월적인 신이 존재하기 때문이 아니라, 어딘가에 의존하려는 약한 마음이 그러한 신을 만들어낸다는 것이다. 따라서 진정한 행복을 위해서는 그러한 우상을 만들어내고 믿으려는 자신의 마음을 챙겨야 한다고 말했다.

나를 구할 수 있는 것은 나 자신뿐이니, 삶이 힘들수록 나의 마음을 보살펴야 한다. 내면이 단단한 나는 그 어떤 천상의 존재도 유혹할 수 없고, 패배시킬 수 없다.

모든 감정은 작은 파도일 뿐이다

020 바다에는 좋은 파도와 나쁜 파도가 없다

> 진리를 배우지 못한 이가 즐거운 감정을 느끼면, 그 느낌이 지속되길 갈망한다. 그러나 곧바로 그 즐거운 느낌은 소멸해 버리는구나.
>
> 『맛지마 니까야』 「삿짜까 수행자와 길게 나눈 대화의 경전」

　유발 하라리는 자신의 세계적 베스트셀러《사피엔스Sapiens》에서 '참된 행복'을 불교의 행복론을 통해 이야기한다. 그리고 붓다의 통찰이 맞다면, 인류는 지금까지 행복에 관한 완전히 잘못된 생각 속에 살아왔다고 선언한다.

　붓다에 의하면, '편안하다', '즐겁다' 등의 감정을 맹목적으로 추구하는 것은 결코 행복으로 향하는 길이 아니다. 물질의 획득이 아닌 마음의 만족감을 추구하는 것은 행복에 다가가는 길이 맞긴 하지만, 단순히 내적 만족감만을 좇는다면 이 역시 집착이 될 수 있기 때문이다.

우리는 특정 감정을 추구할 것이 아니라, 그저 지금 일어나는 감정을 오고 가는 그대로 받아들여야 한다. 유발 하라리는 이러한 마음 상태를 아주 멋진 예시를 통해 들려준다.

"누군가 바닷가에 서서 좋은 파도와 나쁜 파도를 구별하려고 무척 애를 쓴다. 하지만 그는 곧 좋은 파도만을 받아들이려는 노력이 무익함을 깨닫고, 그 자리에 털썩 주저앉아 모든 파도를 받아들이기 시작했다."

좋은 파도와 나쁜 파도란 존재하지 않는다. 좋고 나쁜 것은 모두 내 마음이 만든 것이다.

021 모든 감정은
잠시 일렁이는 파도다

즐거운 감정도 괴로운 감정도 한순간만을 머물며 몸과 마음을 제압한다.

『맛지마 니까야』 「삿짜까 수행자와 길게 나눈 대화의 경전」

감정은 영원하지 않다. 어떤 원인에 의해 즐거운 감정을 느끼더라도 얼마 지나지 않아 그 감정은 바뀐다. 이러한 변화를 이해하지 못한 이들은 즐거운 감정을 계속 유지하기 위해 하나의 즐거움이 꺼지면 또 다른 즐거움을 찾아 헤맨다. 하지만 그렇게 얻은 즐거움 역시 곧 사라지므로, 그 뒤에 찾아오는 허무함에 아쉬워하고, 가슴을 치며 슬퍼한다.

하지만 모든 종류의 감정은 잠시 바다의 수면을 요동치게 하는 파도일 뿐, 마음이라는 바다의 평온과는 상관없는 일이다. 따라서 '즐거워야 곧 행복한 것이다.'라는 생각에 빠져 즐거움만을 좇는 것은 바른 견해가 아니다. 반대로 '슬픔은 곧 불행한 것이다.'

2장 모든 감정은 작은 파도일 뿐이다

라는 생각에 빠져 슬픔과 불행을 동일시하는 것도 옳지 않다. 즐거움과 마찬가지로, 슬픔 역시 찰나의 감정일 뿐이기 때문이다.

그 어떤 감정도 순간적으로 머물다가 사라진다는 사실을 명확하게 인식하는 것. 그 참된 인식이 지혜의 본질이며, 그것만이 우리를 진정한 행복의 길로 인도한다.

022 욕망은 채울수록 더욱 타오른다

많은 이들이 감각적 욕망의 즐거움을 찾는 이유는 행복으로 가는 다른 출구를 알지 못하기 때문이다.

『상윳따 니까야』「화살의 비유에 관한 경전」

오랫동안 바라던 바를 이루면 만족감과 성취감으로 즐거움을 느끼게 되고, 우리는 그 느낌을 행복이라고 생각한다. 하지만 이것은 착각일 뿐이다. 그 느낌은 아주 잠깐 머물기에 결코 행복을 담보하지 않는다. 그런데도 착각에 빠진 우리는 지금 가진 것을 되돌아보며 감사하지 않고, 다시 새롭고 강렬한 만족감을 찾아다닌다. 이렇게 우리는 삶의 대부분을 불만족 속에서 살다가 죽어간다.

붓다는 "이 세상은 고통이다."라고 선언했다. 여기서 고통이란 육체적 통증이 아니라 심리적 불만족을 의미한다. 욕망의 실현만이 행복이라고 생각한다면, 이러한 불만족 상태는 계속 이어질 뿐이다. 왜냐

2장 모든 감정은 작은 파도일 뿐이다

하면 욕망의 실현은 활활 타오르는 들판에 기름을 끼얹듯 또 다른 욕망을 끝없이 불러일으키기 때문이다.

마음속에 무언가를 채우려 하지 말고, 오히려 비워내야 한다. 마음속을 무언가로 채우려 하면 할수록 그것이 불쏘시개가 되어 욕망의 불꽃을 더욱 타오르게 할 것이다.

023 마음을 비울수록 행복은 채워진다

수행승들이여, 나와 그대들은 왜 이토록 기나긴 세월을 이 곳에서 저곳으로 치달리며 윤회하는 삶을 살아야 했는 가? 바로 고통이 어떻게 생기고 소멸하는지를 알지 못했 기 때문이다.
『디가니까야』「위대한 열반에 관한 경전」

집이 없는 어떤 이가 신에게 집을 살 수 있게 해 달라고 빌었다. 그러자 신이 꿈에 나타나 그 소원을 들어주겠다고 하였다. 대신, 지금 사는 곳에 싫증이 나면 또 다른 집으로 이사를 가야 하는 조건을 지켜 야 한다고 말했다. 그리고 신은 곧바로 집 없는 이가 살아 본 적 없는 전망 좋고 넓은 집으로 이사할 수 있 게 해 주었다. 그는 너무 기뻐 비싸고 고급스러운 가 전제품과 가구를 사고, 주방 기구도 새롭게 장만하였 다. 깨끗하게 청소를 마친 후 새집에서 행복에 겨운 잠을 청했다.

새집에서의 만족감이 조금씩 사라져가던 어느

날, 그는 TV에 나온 멋진 집을 보고 '저 집에 살게 되면 얼마나 좋을까?'라는 생각을 하고 말았다. 그러자 그날 밤 꿈에 신이 나타나, 지금 사는 집에 싫증을 느끼고 새로운 집을 원하니 이사할 수 있게 해 주겠다고 말했다. 그는 기뻐하며 짐을 쌌고, 다시 이사했다. 더 고급스러운 집에서 짐을 풀고 정리를 끝낸 그는 세상 모든 것을 다 가진 것만 같았다.

그런데 얼마 지나지 않아 그 집이 주는 기쁨도 수명을 다하고 말았다. 우연히 방문한 누군가의 집이 더 좋아 보였고 자신의 집은 한없이 초라하게 느껴졌다. 그날도 신은 어김없이 꿈에 나타나 더 좋은 집으로 이사하게 해 줄 테니 짐을 싸라고 했다. 그는 가족들과 짐을 싼 후 새집에 도착해 다시 짐을 풀고 정리를 끝냈다.

처음 한두 번 이사했던 날들과 달리, 그날 밤 그의 잠자리는 행복하지 않았다. 새집에 대한 기대보다 어차피 이 집도 언젠가는 아무런 설렘을 주지 못할 테니 머지않아 또 이사를 해야 하는 것이 아닐까 하는 걱정이 그의 마음을 가득 채웠다. 그의 예상대로 새집에 싫증을 느끼는 데에는 그리 오랜 시간이 필요하지 않았다. 더 좋은 집이 그의 눈에 들어왔고, 그때마다 신은 나타나 이사를 재촉했다.

숱한 이사에 지쳐 버린 그는 이제 이사를 그만하고 싶다며 신에게 애원해 보았다. 아무리 비싸고 좋은 집이라도, 만족하지 못하고 끝없이 짐을 쌌다가 풀어야 하는 삶이야말로 괴로움이요 고통이라고 토로하였다. 그러자 신은, '새로운 집'에 대한 욕망만 다스리면 자신은 더 이상 나타나지 않을 것이니 자신에게 하소연해도 소용없다는 대답만 들려주었다.

욕망은 양면성을 가지고 있다. 삶을 살아가게 하는 원동력인 동시에 절제하지 못하면 늘 불만족 속에 살게 한다. 그래서 늘 만족감을 좇는 이들에게 붓다는, 불만과 불행은 욕망을 다스리지 못할 때 생기는 것이기 때문에 부잣집에서 태어났다고, 남들이 부러워하는 직업을 가졌다고 해서 해소되는 것이 아니라고 이야기해 주었다.

024 사라질 것들을 애써 붙잡지 마라

아직 일어나지 않은 애착이 일어나고 이미 일어난 애착이 더욱 커지고 강해지는 이유는 아름다운 외연에만 이끌리기 때문이다.

『앙굿따라 니까야』「이교도들에 관한 경전」

옷을 잘 입고 외양에 신경을 많이 쓰는 사람은 겉보기에 아주 우아하고 자신감 있게 걷는다. 서 있을 때도 확신에 차 있고 안정적이다. 종이에 글을 쓰면 보기 좋게, 실수가 없도록 쓴다. 이들은 즐겁게 살려는 경향이 강해 다소 힘든 일을 맡아도 비교적 잘 견뎌내고 긍정적으로 받아들인다. 차를 운전할 때도 편안하게 주의를 기울이고 교통 흐름에 맞춰 운전한다.

처음 가 보는 장소에서는 자신이 좋아하는 것부터 먼저 찾아본다. 사람을 만날 때도 마찬가지다. 처음 만나는 사람들의 작은 장점에 집착하기 때문에 정작 결점에는 무심한 경향이 있다.

보통 이런 특징을 가진 사람들은 의욕적이고, 어떤 일을 성취하려고 하는 열망이 강하다. 그런데 외형적 아름다움에 지나치게 집착해 허영심과 자기 중심성을 강하게 나타내기도 한다. 당연히 남이 잘되는 것에 강한 질투를 느끼기도 한다.

　　붓다는 우리 안에 이런 마음이 생겨날 때면 인생이 영원하지 않다는 진리를 되새겨 볼 것을 가르쳐 주었다. 아름다움은 결코 영원하지 않으니, 겉모습에 집착하는 것은 철로의 끝이 절벽인 것을 알면서도 기차에서 내리지 않는 것과 다름없다.

025 타오르는 욕망에
장작을 넣지 마라

현자는 돈이 비처럼 쏟아져도 감각적 쾌락의 욕망을 충족
시킬 수 없음을 알기에 천상의 쾌락조차 구하지 않는다.

『법구경』〈깨달은 이의 품〉

우리가 두 발 딛고 사는 이 세상은 눈비가 몰아
치다가도 한여름 태양이 내리쬐고, 그러다가 살을 에
는 추위가 내 몸을 할퀴고 지나가는 곳이다. 그럼에
도 우리는 비가 오면 해가 뜨기를 바라고, 해가 뜨면
비가 오기를 바란다. 그것이 욕망의 속성이다. 욕망
은 타는 목마름과 같아 끝이 없다.

붓다는 이러한 인간의 욕망을 부정하지 않았다.
다만 어떻게 욕망을 다스려 욕망이 거꾸로 내 삶의
주인이 되지 않을 수 있는지를 제시한다.

불교의 깨달음을 일컫는 말 중 니르바나nirvāṇa,
즉 열반涅槃이 있다. 이는 '소멸하다', '불이 꺼지다'라
는 의미로 욕망의 불꽃이 완전하게 사라짐을 뜻한다.

요컨대 붓다가 추구하는 깨달음이란 신통력을 얻어 하늘을 날아다닌다거나, 누군가의 미래를 알아 맞힌다거나, 영원히 산다거나, 혹은 이 삶이 끝난 후 천국에서 절대적 존재와 평생 살아가는 것을 의미하지 않는다. 깨달은 이들은 오직 타오르는 목마름과 같은 욕망의 파괴만을 기뻐할 뿐이다.

026 슬픔을 알아야
    기쁨을 느낄 수 있다

모든 존재는 서로에게 의존하여 생겨난다.　　『중론』

　　'희다'의 반대말은 '검다'이고, '크다'의 반대말은
'작다'이다. '많다-적다', '밝다-어둡다', '시작-끝'이
모두 그러한 관계에 있다. 그런데 밝음만 존재하는 세
상에서 밝음은 밝음일 수 있을까?

　　조나단 스위프트의 소설《걸리버 여행기》를 떠
올려 보라. 걸리버가 소인국에 갔을 때 그는 거인이
었지만, 거인국에 갔을 때 그는 한낱 작고 장난감 같
은 인간에 불과했다. 따라서 크다와 작다, 밝다와 어
둡다, 시작과 끝은 반대의 의미가 아니다. 오히려 존
재하기 위해 서로에게 의존하고, 서로를 돕는 관계에
있다. 이 세상 모든 존재는 이렇게 서로에게 의존하고
있다.

　　감정도 마찬가지다. 슬픔은 기쁨이 있기에 존재

하고 기쁨은 슬픔을 맛보았을 때 알게 된다. 그런데 도 우리는 늘 기쁨만 맛보기 위해 슬픔을 애써 밀어 내며 행복을 추구한다. 하지만 우리는 행복을 알기 에 불행을 견딜 수 있고, 불행을 느끼기에 행복에 감 사할 수 있다. 행복과 불행을 정반대의 개념으로 보 는 오해는 진정한 행복과의 거리를 더 멀게 할 뿐 이다.

027 알고리즘이 행복까지
만들어 주지 않는다

그대의 내면은 늪과 같이 어지러운데 화려한 옷과 장신구
가 무슨 의미가 있겠는가. 어리석은 이여, 그대는 겉만 닦
고 있구나.

『법구경』〈브라흐만의 품〉

우리는 이제 한 손 안에 들어온 스마트폰을 통
해 언제 어디서나 모든 정보에 접근할 수 있는 시대
를 살아가고 있다. 그것은 곧 전 세계 모든 상품을 손
쉽게 대량 소비할 수 있음을 의미한다. 고맙게도 알고
리즘이 내가 한 번 구매한 제품을 잊지 않고 언제나
스크린 한쪽에 광고로 띄워 주니, 나는 소비의 욕망
에 이끌려 필요 없는 또 하나의 제품을 굳이 또 구매
하게 된다.

하지만 '득템'의 기쁨은 잠시, 그것 역시 또 다른
제품으로 교체되어 얼마 뒤 쓰레기통으로 들어간다.
거대 글로벌 기업은 여기에 아랑곳하지 않고 그렇게
축적된 자본을 다시 상품 생산과 광고에 투자하여

나의 욕망을 끝없이 자극한다.

불과 수십 년 전, 세끼 밥을 챙겨 먹는 것을 사치로 여길 정도로 세계에서 가장 가난했던 대한민국은 이제 세계 10위권의 경제 대국이 되어 이 모든 첨단 과학의 혜택을 받고 있다. 그런데 우리는 오늘날 OECD 자살률 1위 국가라는 불명예를 함께 갖고 있다.

AI가 나도 모르는 나의 소비 패턴을 대신 정리해 줄 정도로 풍요롭고 편리한 시대에 살고 있는데도 왜 불만족은 계속되는 것일까? 혹시 우리는 행복과 상관없는 일들을 행복이라고 생각하고, 곧바로 쓰레기통에 처박힐 소유물을 모아가며 짧은 인생을 살아가고 있는 것은 아닐까?

028 존재하지 않는 것들에 마음을 주지 마라

행하고 난 뒤 후회하고 슬퍼하고 눈물짓는 결과를 초래하는 일은 현명하지 못하구나.

『법구경』〈어리석은 이의 품〉

붓다Buddha란 '깨달은 존재'를 의미하는 고대 인도어이며, 이를 중국인들이 소리 나는 대로 번역한 것이 '불타佛陀'이다. 그래서 불교를 '깨달은 이의 가르침'이라고 한다. 그렇다면 붓다가 깨달은 것은 도대체 무엇일까? 바로, '망상妄想의 본질'이다. 고대 인도어로 망상은 '존재하지 않는 것에 대해 잘못 그려낸 생각'을 의미한다.

존재하지 않는 신, 존재하지 않는 일확천금, 내 능력과 노력으로 도달할 수 없는 결과를 그리는 것, 자식에게 그의 실제 모습과 다른 모습을 기대하는 것, 그것이 망상이고 나를 괴롭게 만든다. 매 순간!

029 감정에 속지 말고
기분에 휘둘리지 마라

뼈, 근육, 피에 '나'가 있는가? 즐겁고 불쾌한 느낌이 '나'인
가? 무엇이 '나'인가?

『상윳따 니까야』「자아를 구성하는 요소들에 관한 경전」

나는 지금 공연장에 앉아 피아니스트가 연주하
는 아름다운 음악을 듣고 있다. 연주자가 건반을 누
르면 해머가 현을 때리고, 이때 발생하는 공기 진동
이 2.5cm 길이의 귓속 통로를 타고 들어와 내 고막을
울린다. 그리고 그 자극은 여러 단계를 거쳐 뇌로 전
달된다. 이때 뇌의 신경세포인 뉴런에서는 여러 화학
물질들의 작용과 전기 신호가 발생해, 나는 드디어
피아노 소리를 인식하게 된다.

그렇다면, '나는 피아노 소리를 듣는다.'라고 할
때의 '나'는 뇌인가? '나'는 뇌를 구성하는 뉴런인
가? '나'는 뉴런 속 글루탐산, 아드레날린, 도파민 등
의 화학 물질인가? 도대체 누가, 무엇이 피아노 연주

2장 모든 감정은 작은 파도일 뿐이다

를 듣고 감동하고 있는가? 아니, '감동'이란 또 무엇일까?

지금 이 순간 분노로 괴로운가? 지금 이 순간 남들보다 잘났다고 뽐내고 싶은가? 답해 보라. 그 괴로운 '나'와 잘난 '나'는 어디에, 어떻게 존재하는 것일까? 원래 존재하지 않는 헛된 나를 붙들고서 괴로움을 없애지 못한 것은 아닐까?

030 걸리는 것이 없다면
그대로 행하라

지붕이 튼튼하게 지어진 집에 비가 새지 못하듯 수행으로
잘 다스려진 마음에는 탐욕이 스며들지 못하리라.

『법구경』〈댓구로 이루어진 말씀의 품〉

두 사람의 수행자가 작은 강을 건너려 배를 찾아
봤지만 찾을 수 없어 걸어서 건너려던 참이었다. 그
때 근처에서 똑같이 배를 찾고 있던 신분이 높아 보
이는 여인이 다가와, 자신은 혼자만의 힘으로 강을
건너기 힘드니 자신을 업고 강을 건너 줄 수 없겠냐
고 부탁했다. 수행자 중 한 명이, 이곳은 사람들의 왕
래가 많은 편이니 여인을 업어서는 안 될 자신들 대
신, 다른 사람이 오면 부탁하는 것이 어떻겠냐고 정
중히 거절했다. 그런데 또 다른 수행자는 흔쾌히 자
기 등을 내주며 여인을 업었다.

강을 건너 여인과 헤어진 후, 여인을 업지 않은
수행자가 여인을 업었던 수행자에게 물었다. 지나가

       2장 모든 감정은 작은 파도일 뿐이다

는 다른 이들에게 부탁해도 될 일인데, 굳이 수행자의 신분으로 여인을 업은 것은 문제가 되지 않느냐고 말이다. 그러자 여인을 업었던 수행자는 웃으며 답했다.

"나는 그 여인을 업고 강을 건너자마자 그 마음도 그곳에 버리고 왔는데, 그대는 여전히 그 마음을 업고 다니시는가 봅니다."

031 인생의 물결을
거스르지 마라

있는 그대로의 모습이야말로 공空 그 자체이며 최상의 진
실이다.
『아비다르마 삼웃짜야』

비틀즈는 불후의 명곡 〈렛잇비〉에서 힘겹고 어
려운 삶에 처한 이에게 가장 지혜로운 해답은 '렛잇
비Let It Be'라고 반복적으로 강조한다. 렛잇비는 '순리
대로, 있는 그대로 받아들여라.' 정도로 해석할 수 있
을 것이다.

그런데 이러한 생각은 불교의 참된 깨달음을 표
현하는 여러 말 중 하나인 '따타따tathātā'와 동일하
다. '따타따'는 '있는 그대로 그 자체'라는 의미이며
현대적으로 풀면 다름 아닌 렛잇비이다.

붓다는 왜 다른 종교들처럼 '위대하고 절대적인
신'을 내세우지 않고 '있는 그대로'를 참된 진리라고
했을까? 인간은 세상을 있는 그대로 바라보지 않기
때문이다. 우리는 내가 잘못했을 때에도 남 탓을 먼

저 하고 자연스러운 순리가 아니어도 억지로 거슬러 어떤 것을 얻으려 한다. 우리가 안고 있는 많은 문제와 괴로움은 사실 여기서부터 발생한다. 따라서 나와 내 주위를 있는 그대로 바라볼 때 풀리지 않던 어려움은 하나둘씩 해결되어 간다. 거기서 참된 행복은 시작된다.

032 내 기준을 타인에게 강요하지 마라

무엇이 참된 이익인지 모르는 이교도들은 이것은 진리이고 저것은 진리가 아니라며 늘 다투고, 그 결과 서로를 다치게 하는구나.

『우다나』「여러 이교도에 관한 경전」

일본 역시 우리처럼 밥과 국을 함께 먹는 식사 문화를 가지고 있다. 그런데 일본인들은 밥을 먹을 때 밥그릇이나 국그릇을 한 손으로 받쳐 들고 젓가락으로 먹는다. 그래서 일본의 그릇은 그리 크지 않고 한 손에 들기 좋게 아래가 뾰족하고 위는 넓다. 또한 일본인은 국 안의 음식도 젓가락으로 휘저으며 '골라' 먹는다.

우리의 식사 예절은 일본과 정반대로 밥과 국그릇은 식탁 위에 놓고 수저로 먹는다. 만약 어른 앞에서 일본처럼 밥이나 국그릇을 손으로 받쳐 든 채 젓가락으로 밥을 떠 먹거나 국 안의 음식을 골라 먹으면 한소리 들을 것이다. 밥이나 국그릇을 들고 먹는 것은 늘 일이 많아 식사 시간도 허락받지 못한 천한 신분을 가진 이들의 점잖지 못한 예절이라는 이유 때문이다.

그런데 일본인들은 음식을 바닥에 놓고 먹는 것은 개나 동물들의 행동이므로 인간은 이와 달라야 한다고 생각한다. 그래서 밥과 국을 들고 먹는 것은 그만큼 음식들을 소중하고 귀하게 생각하기 때문이라고 한다.

이를 두고 한국인과 일본인이 서로를 이해할 수 없다고 비난한다면 누구의 손을 들어 줘야 할까? 물론 어떤 나라가 여성과 아이들, 혹은 특정 직업을 지나치게 억압하는 문화를 가지고 있으면 전 세계가 이를 비판하며 변화를 촉구하기도 한다. 그것은 인류 보편적 가치에 기반하기 때문이다. 하지만 보편성보다 각자의 역사 속에서 개성으로 발전한 문화도 많고, 이런 문화의 옳고 그름을 따지는 것은 거의 불가능하다.

우리가 타인을 바라볼 때면 늘 나의 관점으로만

판단하고, 자꾸 나의 기준을 그에게 집어넣으려 한다. 그것은 흡사 밑 빠진 독에 물을 붓는 일과 같아서, 내 기준을 아무리 강요한들 그에게는 절대 채워지지 않을 것이다. 밑 빠진 독에 물을 채우는 방법은 오히려 내 안에 그 독을 '풍덩' 하고 던져 버리는 것이다. 그제서야 서로가 옳다고 우기는 데서 오는 갈등은 사라지게 된다.

033 감정은
억누를수록 튀어오른다

모든 존재에 실체가 없음을 관찰하라. 그것이야말로 괴로
움에서 멀어지고 청정함에 다가가는 길이 되리라.

『법구경』〈길에관한 품〉

　　오랫동안 감정은 이성에 비해 부정적인 것으로
비난받아 왔다. 잘못을 저지른 사실을 무마하기 위
해 순간의 감정을 참지 못했다고 변명하고, 그러면
어느 정도 참작해 주기도 한다. 이는 감정이 인간의
합리적 이성을 잠시 나쁜 길로 이끈다고 보기 때문
이다.

　　하지만 우리 뇌를 해부학적 관점에서 바라봐도,
그 안에 이성과 감정의 영역이 명확하게 나뉘어 있
지 않다. 산에서 곰을 맞닥뜨린 이가 두려움에 질려
도망쳤다고 하자. 그 두렵다는 감정에는 과연 이성
이 관여하지 않았을까? 곰이 어떤 존재인지 이성적
으로 판단하고 알기 때문에 두려움이라는 감정을

느끼는 것이다. 따라서 이 둘을 분리하기란 쉽지 않다. '합리적 이성'을 통해 '나쁜 감정'을 억누르겠다는 서양식 이분법적 사고 방식은 근본부터 흔들리고 있다.

붓다는 이성과 감정을 구분하기보다 그 둘 모두 하나의 마음 작용으로 보았다. 그러한 마음이 어떻게 생겨, 어떻게 나를 이끌어가는가에 초점을 두었다.

그래서 붓다는 이성과 감정을 분리하지 말고, 마음의 작용을 그저 바라보라고 가르쳤다. 왜냐하면 '담배를 끊어야지.'라고 다짐하면 할수록 담배 생각이 나듯이, '나쁜 감정은 억눌러야 해.'라고 생각하면 할수록 우리는 그 생각에 빠져 버리기 때문이다. 아, 이런 마음이 일어나는구나…. 아, 그런 마음이 소멸해가는구나! 그저 그뿐이다. 애써 그런 생각을 없애려 개입하면 안 된다. 그저 바라보라, 내버려 두라. 그것이 붓다의 가르침이다.

오직, 지금 이 순간을 살아라

034 잘 익은 과일도
땅에 떨어져 사라진다

물기 없이 말라비틀어져 가는 나무껍질처럼 언젠가 나의
육체도 그렇게 되어 땅에 묻히리라.　　　『법구경』〈마음의 품〉

왕자의 신분으로 태어난 붓다는 안락한 궁중에
서 부족함 없는 삶을 살았다. 하지만 태어나자마자
생을 달리한 어머니에 대한 그리움은, 어린 그에게
막연하게나마 죽음의 의미를 사색하게 하였다. '왜
어머니는 나를 낳자마자 두 번 다시는 만날 수 없는
곳으로 떠나가야 했을까?'라는 질문이 그의 머릿속
을 맴돌았다.

그러던 어느 날 궁전을 떠나 성 밖을 둘러보게
된 그는 어느 마을에서 상처와 고름투성이의 병든
이가 역한 냄새를 풍기며 신음하는 광경을 보았다.
그리고 또 다른 곳에서는 말라비틀어진 나무껍질보
다 거친 피부를 가진 노파가 휘어 버린 허리를 지팡
이에 겨우 의지한 채 힘들게 걸어가는 모습을 보았

다. 그리고 다른 마을에서는 누군가 죽어서 화장火葬을 치르는 모습을 보게 되었다. 화려한 궁중에서는 본 적 없는 삶의 모습들이었다. 병든 이도, 늙은이도, 죽은 이도 모두 빛나는 피부와 윤기 나는 머리칼을 가진 건강하고 젊디젊은 푸르른 날들이 있었을 것인데, 그 누구도 병과 노화와 죽음을 피해 갈 수는 없었다. 그 순간 붓다는 가슴속에서 깊이 울리는 메아리를 듣게 되었다.

"아무리 잘 익은 과일이라고 하더라도 마침내 땅 위에 떨어져 썩어갈 것이며, 부모라고 해도 사랑하는 자식을 죽음에서 구하지 못하리라! 모든 이들이 병과 노화와 죽음 앞에서 가슴을 치며 통곡하지만 그 누구도 그 길을 피하지는 못하리라!

탄생은 죽음을 향해 가는 길인데 어찌 죽음을 피하기 위해 주문을 외우고, 알 수 없는 신들을 기쁘게 하기 위해 가여운 동물을 죽일 것인가! 그래서 현명한 이들은 죽음으로 나아가는 세상의 흐름을 알기에 슬퍼하지 않는구나! 비통해하고 슬퍼함으로 삶이 나아진다면 어찌 깨달은 이들과 현자들이 그 길을 따르지 않았겠는가!

영원한 삶에 대한 기대는 더욱 자신을 괴롭힐 뿐이니 참된 지혜란 죽지 않는 것이 아니라 죽음이 곁에 있음을 깨닫는 일에서 시작할 뿐이구나! 나는 이제 왕자의 길이 아니라 늙고 병들고 죽어가는 것을 있는 그대로 직시하는 깨달음의 길을 가리라!"

그렇게 왕자는 머리를 자르고 옷을 버린 뒤 출가의 길로 걸어가게 되었다.

035 사랑하는 모든 것과는 헤어지기 마련이다

사랑했던 이들과는 헤어지기 마련이고, 만들어진 모든 것
은 부서져 흩어지기 마련이다. 『디가니까야』「거룩한 열반의 경전」

사랑하는 아들을 잃은 슬픔에 실신 지경에 이른
여인이 붓다를 찾아와 죽음보다 괴로운 이 아픔을
어떻게 없앨 수 있는지 물었다. 붓다는 그 여인에게
이 마을에서 죽음과 관련 없는 집을 발견한다면 그
답을 주겠다고 했다.

해 질 무렵 붓다를 다시 찾은 여인은 그런 집은
없었다고 했다. 붓다는 여인에게, 아무리 사랑하는
존재라도 언젠가는 헤어져야 하고, 사라져야 하며,
만난 모든 인연은 다시 흩어질 수밖에 없다고 강조했
다. 태어난 것은 죽을 수밖에 없고, 만들어진 것은 부
서질 수밖에 없는데도 이를 두고 '영원하여라, 부서
지지 말아라.'라고 한들 그것은 어리석은 바람이요,
그로 인해 괴로움은 더욱 커져갈 뿐이라고 하였다.

036 독화살을 맞았다면 우선 뽑아야 한다

산발한 머리로 단식하고 차가운 바닥에서 자며 무소유를
위해 나체로 다니고 온갖 자세로 수련한다 한들, 어리석음
이 남아 있다면 어떤 변화를 기대할 수 있을까.

『법구경』〈진리에 발 딛고 있는 이의 품〉

독화살에 맞아 생명이 위태로운 사람이 있었다.
그는 독화살을 쏜 자가 어떻게 생겼고 그의 신분은 무
엇인지, 그리고 독화살이 무엇으로 만들어졌고 독화
살의 모양이 어떤지, 나아가 자신을 치료하는 의사가
누구인지 등등을 알지 못하면 치료를 받지 않겠다고
한다. 그러는 사이 온몸으로 독이 퍼졌고, 결국 그는
고통 속에서 죽어갔다.

우리의 마음에도 독화살이 꽂혀 있다. 바로 '욕
망'이라는 독화살이다. 모든 존재는 영원할 수 없고
늘 변해가기 마련이므로 영원한 즐거움과 만족감 역
시 존재하지 않는다. 그런데도 우리는 굶주린 맹수처

럼 언제나 새로운 즐거움을 찾아다니고, 불만족 속에서 허덕인다. 붓다는 이것이 바로 우리 인생에 있어 고통의 본질, 즉 마음을 힘들게 하는 독화살이라고 강조하였다.

독화살을 맞은 이에게 가장 시급한 치료는 독화살을 뽑는 것이다. 그런데도 우리는 독화살은 그대로 둔 채, 죽은 뒤에 갈 수 있다는 천국을 바라보고, 고통을 사라지게 하는 것과는 상관없는 일들에 마음을 쏟으며 오늘 하루를 살아가는 것은 아닐까?

037 바쁘게 살수록
중요한 것을 놓친다

잠 못 이루는 이들에게 밤은 길고도 길듯이 지혜를 모르
는 이들에게 삶의 길은 어둡기만 하구나.

『법구경』〈어리석은 이의 품〉

사진 제출이 필요한 곳에는 어김없이 '최근 ○○
개월 이내'라는 안내 문구가 적혀 있다. 스스로는 전
혀 느끼지 못해도 불과 몇 개월 만에, 아니 매 순간
내 모습은 변하고 있기 때문이다. 변해간다는 건, 시
작은 반드시 끝을 향해 달려가고, 탄생은 예외 없이
죽음으로 수렴한다는 것을 의미한다.

고도성장이라는 강렬한 열매를 맛본 탓인지, 지
난 반세기 동안 우리에게 바쁘게 사는 것은 성공의
척도처럼 여겨졌다. 그래서 온 가족이 서로 얼굴 볼
여유도 없이 바빠졌다.

도대체 어디를 향해 가길래 그렇게 바쁜 것일까?
혹시 '나'는, '가족'은, '현 상태'는 영원할 것이라는 오해를 하고 있는 것은 아닐까? 그 바쁜 나날 끝에 결국 헤어짐과 죽음이 기다리고 있음을 명확히 깨닫게 된다면, 그제야 참으로 소중한 것들이 보일 것이다. 그러지 못한다면, 우리는 끝없이 어두운 밤 속에서 공허함만을 안고 살아가게 될 것이다.

038 잘 모를수록
아는 체한다

어리석은 이는 수행자보다 자신이 우월하다고 믿고, 악한
이들 사이에서 명성을 바란다.　　　　『법구경』「어리석은 자의 품」

주위에는 세상일을 다 아는 '척척박사'가 꼭 있
다. 누가 어떤 물건을 구입했다고 하면 왜 그 돈 주고
그것을 사느냐, 자신이 아는 사이트에서 사면 더 싸
게 살 수 있었다며 안타까워한다. 누군가 몸이 아파
어떤 병원을 다녔다고 하면, 아니 왜 그 병원을 가느
냐 반문하고 자기가 아는 병원에 가면 금방 나을 수
있었을 거라고 한다. 또한 누군가 자동차 수리를 했
다고 하면 왜 그곳에서 했느냐며 자신이 아는 곳에
갔다면 더 싸게 해 줬을 거라고 혀를 찬다. 어떻게 된
일인지 유독 이 사람의 선택만은 이토록 현명하다!

그뿐만 아니다. 누가 어떤 분야에서 일을 하고 있
다고 하면 '그 분야는 말이야, 이래야 하고 저래야 하
고…' 하며 모르는 게 없다.

남의 일은 원래 다 쉬워 보인다. 왜냐하면 당사자가 아니고서는 그 일을 자세히 모르기 때문이다. 그런데 제3자는 겉으로 드러난 상황만 가지고 결과론적으로만 판단하니, 누구나 할 수 있는 뻔한 이야기를 마치 척척박사처럼 우쭐대며 한다. 그리고 자신의 이야기를 듣고 상대가 아무 반론을 제시하지 않으면 자신의 말이 옳기 때문이라는 오만에 쉽게 빠져 버린다. 하지만 상대가 말이 없는 이유는 오히려 척척박사의 상황 인식과 지식이 너무 추상적이고 수박 겉핥기이기 때문이다. 어디서부터 설명해 주어야 할지조차 가늠이 되지 않으니, 아예 말하기를 포기해 버리는 것이다.

붓다는, 자신이 현명한 사람이라고 착각하고 사는 것은 참으로 쉽다고 했다. 그리고 그것은 현명한 사람에게 향하는 존경을 가로채는 일이며, 부끄러움을 모르는 오염된 삶이라고 일침을 가했다.

039 강을 다 건넜다면 뗏목은 잊어라

강을 다 건넜다면 뗏목은 강에 두고 떠나라. 뗏목은 강을
건너기 위함이지 가져가기 위함이 아니다.

『맛지마 니까야』 「뗏목의 비유경」

눈앞에 큰 강이 펼쳐져 있고, 그 너머에 나의 목
적지가 있다고 가정해 보자. 강을 건너기 위해 뗏목
이 필요할 것이다. 땀 흘려 뗏목을 만들고, 거친 물살
을 거슬러 올라가기 위해 뗏목 위에서 노를 젓는다.
이것은 우리의 소중한 노력이다. 그런데 그렇게 강을
다 건너간 후엔 뗏목을 어떻게 해야 할까? 애써 만든
것이니 평지에서도 뗏목을 머리에 이거나 등에 지고,
혹은 나의 힘만으로는 부족하니 주위 사람들까지 힘
들게 하며 다 함께 끌고 다녀야 하는 것일까?

열심히 노력하며 살아가는 모든 이들의 목표는
하나다. 행복하기 위해서이다. 행복은 무엇일까? 사
람마다 이에 대한 기준은 다 다르니 일괄적으로 제시

할 수 없다. 누구의 행복이 더 좋고 나쁘다고 판단할 수도 없다. 문제는, 행복에 대한 기준 없이 언제나 '행복을 위해' 살아가는 것이다. 마치 달은 보지 않고 달을 가리키는 손가락을 쳐다보고, 이미 강을 건넜는데도 무거운 뗏목을 끌고 다니는 것처럼….

040 베푼 것을
기억에 남겨 두지 마라

내가 했던 모든 선행에 머물지 않는 마음을 가지는 것, 그
것이 다름 아닌 공空의 가르침이다.

『금강경』

누군가에게 선행을 베풀었는데도 그것이 진정한
선행이 되지 못하는 이유는 선행을 베풀었다는 사실
에 내 마음이 머물러 있기 때문이다. 나의 선행을 남
이 알아 줬으면 하고 남에게 자랑하고 싶어하는 마
음, 즉 '자만심'이 강력하게 작용하고 있는 것이다.

자만심의 근본은 붓다가 말한 만심慢心, 즉 자기
자신에 대한 강력한 집착이다. 그래서 선행에 대한
보상이 없거나 도움받은 사람으로부터 인사나 칭송
이 없으면 자신이 도움을 준 사람을 도리어 미워하게
되고, 그러한 감정은 결국 내 자신의 괴로움으로 돌
아온다.

과정과 결과는
한몸이다

> 태어나니 늙고, 늙으니 죽는 것이므로 그 각각을 따로 떼
> 어서 무엇이냐고 물어서는 아니 된다. 대신, 무엇을 조건
> 으로 태어나고 늙고 죽는지 물어야 바른 질문이 되리라.
>
> 『디가니까야』「거룩한 인연의 진리에 관한 경전」

새 차를 구입하고 얼마 지나지 않아 세차했던 날
이었다. 세차를 마친 뒤 상쾌한 마음으로 운전대를
붙잡고 달리고 있었는데, 순간 '딱' 하는 소리와 함
께 옆 트럭에서 작은 돌조각이 튀어 유리창에 부딪혔
고, 앞 유리에 금이 가고 말았다. 결국 적지 않은 돈
을 내고 새 차의 유리를 갈아야만 했다. 너무 분하고
안타까워서 커피 한 잔 마시라고 건네주었던 친절한
세차장 직원도 미워졌다. 그 커피를 마시지 않고 바
로 출발했었더라면 유리가 깨지지 않았을 것이기 때
문이다. 잠깐, 아니다. 내가 그날 운전을 했던 건 오랜
만에 연락을 준 지인과의 약속 때문이었다. 그 사람

이 연락만 하지 않았더라도 그 길을 지나지 않았을 테고, 그러면 유리는 깨지지 않았을 테다. 아니지, 지인이 약속 시간을 조금 더 일찍, 혹은 더 늦게만 잡았어도….

그런데 원인이 그것만 있는 건 또 아닌 듯하다. 내가 만약 그날 집에서 조금 일찍 혹은 조금 늦게 출발했었더라도 그 '참사'는 막을 수 있었을 터다. 그렇게 생각을 거슬러 올라가다 보니 내가 차를 사지 않았어야 했고…, 결국 내가 태어나지 않았더라면 그런 사건은 일어나지 않았을 터!

이렇게 아무 소용 없는 가정을 쓴웃음과 함께 꼬리에 꼬리를 물고 거슬러 올라가 보니, 차 유리가 깨지는 그 하나의 사건이 일어나기 위한 원인이란 것이 단순히 차와 돌조각 간의 만남만으로는 절대 일어날 수 없는 일임을 알게 되었다.

가지고 있는 옷 중 가장 아끼는 멋진 옷을 보라. 겉으로는 멋있어 보이지만 속을 뒤집어 보면 옷의 각 부분을 연결한 바느질 모습과 이를 마감한 실밥 등등이 얽혀 있다. 하지만 우리는 늘 '멋진 옷', '깨진 유리' 등 결과만 보고 삶을 판단하려 한다. 하지만 과정 하나하나가 따로 존재하지 않고 결과와 따로 떼어낼 수도 없다. 중요한 건 원인과 결과를 하나하나 따지는 일이 아니라, 지금 이 순간에 집중하며 최선을 다하는 것이다. 그 순간순간의 흐름이 모두 삶의 결과이다.[1]

042 무소유가 아닌 무집착

자식이 있으면 자식 때문에, 많은 소를 가진 자는 바로 그
소 때문에 슬퍼하나니. 집착의 대상이 사라진 자만이 슬
프지 않다. 『숫타니파타』「다니야에 관한 경전」

무언가를 얻게 되었을 때 찾아오는 건 만족과 행
복뿐만이 아니다. 이미 가진 것을 계속 나의 것으로
유지하기 위해 반드시 또 다른 노력을 하게 되고, 그
과정에서 번뇌가 생겨난다. 얻는 게 많을수록 만족
감도 높아지지만, 높아진 만족감만큼 번뇌도 더 커
지는 것이다. 마치 달리는 자전거를 유지하기 위해
계속해서 페달을 밟아야 하는 것처럼 말이다.

그러면 아무것도 가진 것 없는 길가의 빈궁한 삶
은 날마다 행복한 것일까? 나와 가족은 빈곤에 허덕
이지만 나 혼자 세상 이치를 깨달았다고 소리치면 그
것이 참된 행복일까? 붓다는 그런 의미의 무소유를
이야기하지 않았다. 무소유란, 잠시 쓰다가 돌려주고

가야 하는 모든 것들에 대한 무집착을 의미한다.

무엇이든 가질 수는 있되, 그것이 영원한 내 소유가 아니라는 사실을 인지해야 한다. 내가 가진 모든 것은 그저 잠시 빌려 쓰는 것일 뿐이다. 영원한 내 것은 없다는 통찰은 마음의 집착을 내려놓게 한다. 소유에 대한 집착이 가득하면 적게 가져도 마음이 늘 무겁고 어지럽지만, 소유에 대한 집착에서 벗어나면 아무리 많이 가져도 마음은 깃털보다 가벼워진다.

043 지금의 순간들이 모여
삶이 이루어진다

아주 작은 티끌 속에 이 우주가 들어 있고, 그 티끌 하나
하나가 곧 우주의 모습이려니.　　　　　　　　『화엄경』

　　뇌에는 약 1천억 개에 달하는 신경세포가 있고,
그들 사이의 신호를 전달하는 전기화학적 자극이 존
재한다. 우리의 뇌는 몹시도 기계적으로 기능하는
것 같다. 그런데 이토록 기계적인 결합의 산물인 우
리는 왜 첫사랑의 아픔에 눈물 흘리고, 친구의 농담
에 유쾌한 웃음을 짓는가? 1천억 개 세포의 결합은
어떻게 모차르트를 향한 살리에르의 질투를 유발하
였는가? 현대 과학은 아직 여기에 대해 답을 내놓지
못하고 있다.

　　개미와 벌들이 자신의 몸에 비해 너무도 거대하
지만 놀라우리만큼 정교한 집을 짓는 과정을 보라.
그들 각자는 그저 주어진 자신의 일을 할 뿐이지만,
그 작고 사소한 부분이 모여 하나의 또 다른 작품을

완성한다. 마찬가지로 자동차를 이루는 각각의 부품은 절대 혼자 달리지 못하나, 그것들이 모였을 때 비로소 고속도로 위를 질주하는 '자동차'가 된다.

인간의 삶 역시 마찬가지다. 지금의 순간순간들이 모여 삶이 되고 개개인의 작은 의무가 모여 거대한 사회를 유지한다. 붓다의 통찰에 의하면, 각각이 모여 전체가 되고, 전체는 곧 각자 속에 들어 있다. 작은 티끌이라고 해서 그 존재 의미마저 티끌 같은 것은 아니며, 거대한 산이라고 해서 그것이 처음부터 산이었던 것은 아니다.

044 다 흩어질 것들을 왜 움켜쥐는가

스승이시여, 변치 않는 모습으로 언제나 곁에 머무는 소유 물이란 이 세상에 존재하지 않았습니다.

『맛지마 니까야』 「뱀의 비유경」

붓다가 우리에게 전하는 지혜는 이 세상 모든 것은 영원하지 않고 늘 변해간다는 통찰에 기반한다. 붓다 역시 나이 여든이 넘어 육체의 한계가 다가왔을 때, 뼈와 거친 살가죽만 남은 자신의 쇠약한 육체를 마치 '낡은 가죽끈으로 엮어져 겨우 굴러가는 수레와 같다.'라고 비유하였다. 그래서 붓다는 늙지 않음과 죽지 않음을 진리인 양 설파하는 이들을 비루한 장사꾼과 같다고 비판했으며, 영원한 만족과 행복을 추구하는 것은 있을 수 없다고 준엄하게 꾸짖었다.

진정한 행복이란, 무엇이든 변해가고 소멸해가는 것을 있는 그대로 받아들이는 일에서부터 시작되는 것이다.

3장 오직, 지금 이 순간을 살아라

045 모든 살아 있는 것들을 사랑하라

모든 살아 있는 존재들은 행복하기를 바라나니, 괴롭히거나 폭력을 쓰거나 죽이지 말라.

『법구경』〈폭력의 품〉

붓다가 존재하던 시절, 신들을 위한 제사 의식을 중요시했던 브라만교는 제물로 쓰기 위해 살아 있는 동물들의 희생을 요구했다. 이에 붓다는, "살아 있는 생명을 불행하게 죽이는 것이 어떻게 살아 있는 자들에게 행복을 줄 수 있는가."라고 말하며 브라만교의 피의 축제를 준엄하게 비판했다.

작은 벌레라도 쉽게 죽이기 시작하면 그것은 곧 파괴적인 성향을 마음속에 키우는 것이 된다. 그리고 이러한 파괴적인 성향은 언젠가 더 파괴적인 행위로 표출된다. 그래서 붓다는 일상생활 속에서 지켜야 할 제일 덕목으로 살아 있는 생명을 함부로 죽이지 말라는 아힘사ahimsā, 즉 불살생을 강조했다.

046 지혜로운 말은 이해하기 어렵지 않다

> 나의 가르침은 각 지역마다 그곳의 언어로, 그곳 사람들이 알아들을 수 있는 쉬운 말로 전해져야 한다. 『율장』〈짧은 품〉

하루는 제자들이 붓다에게 여쭈었다. 이토록 위대하고, 지혜롭고, 감동적인 가르침을 브라흐만 계급의 언어로 기록하는 것이 어떻겠냐는 것이었다. 브라흐만은 당시 인도의 최상위 성직자 계급으로, 그들이 사용하는 어려운 말이 붓다 가르침의 격조와 권위를 높일 것이라 생각했던 것이다.

그러자 붓다는, 진리는 한 명이라도 더 많은 이들에게 전해져 그들에게 도움이 되는 것이 목적이지, 고급스러운 말로 문학 작품처럼 보관될 것이 아니라고 했다. 그리고 붓다의 가르침은 그것이 전해질 각 지역의 언어로, 그곳 사람들이 알아들을 수 있는 말로 기록되어야 한다고 강조했다.

마틴 루터를 포함하여 기독교 내부의 종교 개혁

을 일으킨 사람들 또한 가장 힘썼던 일이 성경의 '번역'이었다. 일반 사람들은 물론 성직자조차 어려워한 라틴어나 히브리어 성경을 자국의 언어로 읽기 쉽게 번역한 것이다. 사람들이 알아듣건 말건 교육받은 일부 계층만이 이해할 수 있는 언어를 사용하는 것은 그 자체로 권위의 상징이며 불평등을 강화시키는 높은 벽이었기 때문이다.

누군가 나의 말을 이해하지 못한다면 한번 생각해 보자. 나는 혹시 나만 아는 이야기를 권위 있는 척하기 위해 일부러 더 어려운 말로 혼자 떠든 것은 아닐까? 한 걸음 더 나아가, 그 자리에는 나만큼 똑똑한 사람이 진정 없었을까?

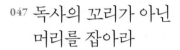 047 독사의 꼬리가 아닌 머리를 잡아라

제자들이여, 땅꾼이 뱀의 머리를 잘 잡았다면 비록 그 뱀
이 손이나 팔을 휘감아 공격하더라도 결코 죽음에 이르지
않을 것이다.
『맛지마 니까야』 「뱀의 비유에 관한 경전」

수행자들이 지켜야 하는 여러 계율 중 지키지 않
으면 승가僧伽에서 추방당하는 가장 무거운 4가지 죄
가 있다. 살인, 성행위, 도둑질, 그리고 '거짓말'이다.
그런데 여기서의 거짓은 단순히 하지 않은 것을 했다
고, 혹은 한 것을 하지 않았다고 말하는 거짓이 아니
다. 깨닫지 못했으면서도 깨달았다고 속이는 것을 의
미한다. 의도적인 거짓은 말할 것도 없고, 어쭙잖은
지식을 진리라고 착각하며 확신을 가지는 거짓도 포
함된다. 하늘나라의 진리를 전한다고 대중을 현혹하
는 사이비 종교가 여기에 해당한다.

이러한 거짓이 진리를 추구하는 수행자들에게
특히 금지되는 이유는 이 행위가 독사의 꼬리를 잡고

는 뱀을 완벽하게 제압했다고 믿는 것과 같기 때문이다. 마치 약의 효능과 부작용을 완벽하게 알기 전에 효능만 알고 함부로 약을 처방하면, 그 약은 환자에게 치명적인 독이 되는 것과 같은 이치다.

그러므로 진리를 세상에 펼칠 때는 내가 독사의 머리를 정확히 잡았는지, 아니면 머리를 잡으려고 배우는 단계에 있는 건지 철저히 점검해야 한다. 그렇지 않으면 설익은 지식은 꼬리가 잡힌 독사처럼 재빠르게 몸을 돌려 나와 주위 사람을 물고 말 것이다.

048 의심하지 않는 것이
가장 어리석다

영원하지 않음을 영원하다고 잘못 아는 데서 오는 괴로움
을 모른다면 그것이야말로 바로 어리석음이구나.

『청정도론』

붓다는 행복의 획득을 방해하는 요소로 탐냄, 분노, 그리고 어리석음을 강조했다. 현대인들은 스마트폰을 통해 이 세상 거의 모든 지식에 접근할 수 있게 되었다. 하지만 우리가 인류사에 출현한 성자들을 추앙하는 이유는 그들이 이 세상 모든 지식을 단순 암기식으로 다 알아서가 아니다. 세상의 진리를 끊임없이 탐구하고 의심함으로써 삶과 죽음의 보편적 원리를 통찰했고, 이와 일치된 삶을 살았기 때문이다.

붓다가 경계한 어리석음이란 이러한 보편적 원리를 알려고 하지 않는 마음가짐을 의미한다. 이는 '똑똑함'과는 다른 차원의 문제로, 모르는 것을 이해해

보려는 자세 자체를 거부하는 것이다. 의문을 갖지 않고 무조건 믿는 맹신은 어리석음의 대표적인 예이 다. 그래서 붓다는 자신의 가르침조차도 의심하고 또 의심하라고 가르쳤다.

049 게으른 사람들의 속마음

게으름을 피우게 되고, 그 게으름이 날이 갈수록 더욱 커지고 강해지는 것은 지혜를 결여한 채 마음을 움직이기 때문이다.
『앙굿따라 니까야』「이교도들에 관한 경전」

붓다가 말하는 '어리석은 사람'이란 단순히 머리가 나쁜 사람을 의미하는 것이 아니다. 요즘 말로 '귀차니스트'에 가깝다고 할 수 있다.

이들은 모든 일에 집중하는 것이 일단 귀찮다! 그래서 시키는 일은 그럭저럭 하지만 새로운 아이디어를 내기 싫어하고 예상 밖의 일이 생기면 그냥 멈춰 버린다. 종이에 글을 쓸 때도 억지로 급하게 쓰기 때문에 틀리는 일이 많다. 주소를 적으라고 해도 전부 다 쓰지 않고 '서울특별시'까지만 쓴다. 매사가 귀찮기 때문이다.

의욕적인 사람들과 달리, 귀차니스트들은 무엇이든지 잘 받아들이려 하지 않는다. 그렇다고 반대

목소리도 높이지 않는다.[2] 또한, 마음속에는 걱정, 의심, 나태함이 깊이 자리 잡고 있다.

이런 사람이 어느 날 갑자기 원대한 목표를 잡고 바뀌어야겠다고 하면 오히려 병이 나고 만다. 자신이 '귀차니스트'로 느껴진다면, 옳은 것과 그른 것, 해야 할 것과 하지 말아야 할 것부터 생각하고, 아주 작은 일부터 시작해 보는 편이 좋다.

껍데기에
현혹되지 마라

단하 천연 : 목불木佛을 태우는 까닭은 사리를 찾을 수 있
지 않을까 해서입니다.
주지 스님 : 나무에게 어찌 사리가 나온단 말인가?
단하 천연 : 그럼 나무를 어찌 부처로 모신단 말인지요!

『경덕전등록』

깨달음을 얻으려 길을 떠났던 단하 천연丹霞天然
(736~824) 선사가 추운 겨울밤 어느 절에 들러 하룻
밤 묵게 되었다. 절의 주지 스님은 그에게 먹을 음식
도 주지 않고 차디찬 골방을 숙소로 내주었다. 너무
춥고 배가 고파 잠이 오지 않던 단하는 본당에 모셔
진 불상이 나무로 만들어진 것임을 알고 그 불상을
쪼개 장작으로 불을 피웠다.

한밤중의 소란에 절의 승려들과 주지 스님이 찾
아왔고, 자초지종을 알고는 난리가 났다. 부처님을
장작으로 쓰다니! 출가 수행자로서는 상상하기도 어
려운 극악무도한 패륜을 저지른 것이다. 그러자 단하

는 천연덕스럽게(그래서 그의 별명이 '천연'이라고 한다.) 이 절의 부처가 워낙 도력이 뛰어나다 명성이 자자해 당연히 사리가 나올 것이라 생각하고 불상을 태웠다고 답했다. 그러자 주지 스님은, 나무에서 어떻게 사리가 나오느냐고 노발대발하였다. 이에 단하는, 사리도 나오지 않는 부처라면 장작으로 써서 언 몸이나 녹이는 것이 중생을 구제하는 데 도움이 된다고 받아쳤다. 이것이 단하가 부처를 태운다는 유명한 '단하소불丹霞燒佛' 이야기다.

껍데기에 현혹되지 마라. 진리는 우상을 타파할 때 보이는 것이지 우상의 껍데기를 애지중지해서는 얻을 수 없다.

버릴 것은 버리고
바꿀 것은 바꿔라

제자들이여, 그대들이 원한다면 내가 일러 준 사소한 계
율들은 내가 세상을 떠난 후 폐지하도록 하여라.

『디가 니까야』「거룩한 열반의 경전」

수행자들이 출가한 후 집단을 구성하여 살면 단
체 생활을 영위하기 위한 규율이 필요해진다. 붓다
가 생존해 있을 때는, 제자들 스스로 옳고 그름을 판
단하기 어려운 상황이 발생하면 제자들이 붓다에게
직접 물어보고 규율을 추가로 정하면 되었다. 그러
다 보니 살인, 성행위, 도둑질, 거짓말의 가장 무거운
4가지 죄에 대한 규율부터 수행자에게 허용되는 최
소한의 소유물 품목과 음식 저장 기간처럼 아주 소
소한 규율까지 만들어졌다.

붓다는 삶의 마지막 순간이 다가오자 제자들에
게 일러 주었다. 살인, 성행위, 도둑질, 거짓말이라는
무거운 4개의 항목 이외의 소소한 계율들은 상황에

맞게 고쳐 쓰고, 때로는 폐지해도 된다고 말이다.

붓다가 열반에 든 후 그의 가르침은 인도는 물론, 인도와 문화가 다른 여러 나라로 퍼져갔다. 만약 붓다가 생존했던 시기에 그가 생활하던 지역의 자연환경, 문화를 기반으로 제정된 규율만을 모든 사람이 글자 하나 틀림없이 지켜야 한다고 말했다면 어떻게 되었을까? 누가 정통이고 누가 사이비인지를 두고 끝없는 대립과 갈등이 만들어졌을 것이다. 그래서 붓다는 그러한 형식 제일주의를 취하지 않았다.

하나의 기준을 절대적으로 누구에게나, 아무 때나 적용하는 사람은 올곧은 게 아니라 어리석은 것이다. 모든 기준은 상황과 때, 사람에 따라 융통성 있게 적용해야 하며, 그것이야말로 붓다가 강조한 가르침이었다.

052 형식이 본질을
앞서지 않게 하라

자이나교도들은 나체 수행자이고, 음식을 손에 받아 핥아
먹고, 항아리에 퍼주는 것과 문지방을 넘어와서 주는 것
과 임신부가 주는 것은 받지 않고….

『맛지마 니까야』「삿짜까 수행자와 길게 나눈 대화의 경전」

붓다가 가르침을 펼칠 때와 비슷한 시기에 '자이
나교'라는 종교 역시 인도에서 발생하였다. 이들 역
시 불교와 마찬가지로 무소유와 불살생을 대단히 중
요하게 여겼다.

그래서 자이나교 내부의 어떤 분파는 철저한 무
소유를 실시하기 위해 완전한 나체로 다니고, 일반
신자들은 불살생을 위해 우물에서 물을 뜰 때도 천
으로 거른다. 물을 마실 때 그 안에 있을 수도 있는
눈에 보이지 않는 미생물들을 죽이지 않기 위함이
다. 그리고 자이나교도들은 주로 상업에 종사하는데,
농사를 지으면 밭을 갈 때 벌레를 죽일지도 모르기

3장 오직, 지금 이 순간을 살아라

때문이다. 이러한 이유로 현재 인도에서는, 그 숫자가 적기는 하지만, 대기업인들 중에 자이나교도들이 많다.

현재도 자이나교의 일부 수행자는 완전한 나체를 하고, 밥과 물은 하루 한 번만 서서 먹는데 그나마도 이물질이 섞여 있으면 굶는다. 머리와 수염을 자를 때 도구를 사용하면 미생물을 죽일지 몰라 약 3시간 동안 직접 손으로 뽑는다. 그 고통은 상상하기 어렵지 않을 것이다. 비록 일반인들은 실천하기 힘든 행동이지만 무소유와 불살생을 철두철미하게 지키겠다는 그들의 철학은 분명 고귀한 면이 있다.

그러나 아무리 좋은 의도가 있다고 하더라도 그것을 실천하고 표현하는 의례가 현실과 괴리되면 성스럽다고 할 수 없고 오히려 사람을 괴롭히는 원인으로 작용한다. 즉, 참다운 선행이 아니다. 그래서 붓다는 형식에 사로잡힌 이들을 바로 이끌기 위해 제자들에게 자이나교 이야기를 자주 들려주었고, 형식과 본질을 바꾸지 말아야 한다고 늘 강조했다.

053 진리는
상식에서 시작한다

깨달음의 세상과 우리 사는 지금 세상에 어떤 구별이 있
을까.   『중론』

어느 날 한 수행자가 이 세상에서 가장 답하기
어렵지만, 그래서 가장 알고 싶은 문제를 물으려 붓
다를 찾아왔다. 깨달음을 얻었다고 칭송받는 붓다인
만큼, 그에게 답을 구할 수 있으리라 기대했기 때문
이다. 그의 물음은 다음과 같았다.

"이 우주는 시간과 공간적으로 유한합니까, 무한
합니까? 죽은 뒤에 우리의 영혼은 존속합니까, 소멸
합니까? 깨달음을 얻었다는 현자들은 죽은 뒤에 어
떻게 되는 것입니까?"

붓다는 그 이야기를 묵묵히 듣기만 하고 그 어떤
대답도 해 주지 않은 채 그를 돌려보냈다. 그러자 곁
에 있던 제자가 스승에게 왜 아무런 대답을 해 주지
않았는지 물어보았다. 붓다는, 그저 우리의 생각이

만들어낸 죽은 뒤의 세상과 초월적 존재의 유무를 깨달은 이의 이름으로 이야기한다면, 어리석은 이들은 깊은 고찰 없이 그 말만 믿고 또 다른 독단에 빠질 것이라고 했다.

인류의 문명이 발전하고 과학기술이 첨단을 달린다는 오늘날에도 적지 않은 사람들이 사후 세계를 강조하고, 초능력을 가진 교주를 내세우는 사이비 종교에 빠진다. 이러한 교리는 얼마든지 만들어낼 수 있고, 그 실체가 허무맹랑한데도 이런 잘못된 종교 때문에 누군가 매우 부적절한 선택을 했다는 뉴스가 끊이지 않는다.

진리를 너무 거창하게 생각하지 말자. 진리 역시 상식에서 출발한다. 우리에게 가장 중요한 물음과 해답은 바로 이 세상, 그리고 스스로의 생각에 있다. 지금 이 순간 내가 발 딛고 살아가는 세상을 부정하는 이에게 무슨 행복과 깨달음이 찾아올 수 있을까?

054 세상의 모든 것은 순환한다

싹은 씨앗에서 비롯되고, 싹에서 다시 열매가 맺히듯이 모든 것은 연속적이니, 씨앗과 싹과 열매는 같지도 다르지도 않구나.

『중론』

불교를 포함하여 인도에서 발생한 종교와 사상이 공통적으로 갖는 중요한 교리 중 하나는 '윤회론'이다. 고대 인도어로 윤회는 삼사라samsāra라고 하는데 이는 '흘러간다'는 의미로 모든 것이 주기적으로 순환함을 나타낸다.

봄에 꽃이 피고, 그 꽃이 지면 여름에 열매가 맺히고, 가을엔 빛이 바래 겨울에는 죽은 듯 보이지만, 다시 찾아온 봄에 어김없이 꽃은 다시 피어난다. 고대 문명을 이룩한 인도의 현자들은 해마다 반복되는 자연의 모습에서 우주의 법칙을 발견했다. 탄생은 소멸로 이어지지만, 소멸은 다시 탄생을 가능하게 한다. 모든 현상은 다른 듯하지만 연결되어 있고, 연결되어 있지만 다른 모습을 갖는다.

내가 먹은 밥은 퇴비가 되어 자연으로 돌아가 다시 곡물을 살찌운다. 그리고 다시 그 곡물은 내 안에 들어와 나의 몸을 형성하고 그 몸 역시 자연으로 돌아간다. 아침은 밤이 지난 뒤 찾아오지만, 사실 아침은 이미 밤에 잉태되어 있다. 그 순환 속에 우리의 지금 이 순간도 쉼 없이 흘러가고 있다.

그러니 너무 슬퍼할 필요도, 너무 기뻐할 필요도 없다. 돌고, 돌고, 또 돌기 때문이다.

055 운명은 없다. 인연만이 있을 뿐

인드라의 그물망³에 달린 수많은 구슬이 서로가 서로를
비춰 그 시작도 없고 그 끝도 알 수 없듯, 이것이 생길 때
저것이 생기고 저것이 사라질 때 이것이 사라지네.

『화엄일승십현문』

살아가면서 우리는 가끔 '내가 그때 그랬더라면'
하는 후회를 가슴을 치며, 혹은 가벼운 미소 속에 떠
올리곤 한다. '그때 그 사람을 만났더라면, 만나지 말
았더라면, 그때 그런 말을 했었더라면, 그때 그 땅을
샀었더라면….' 이러한 후회를 하는 가장 큰 이유는
그때 그랬더라면 지금보다 훨씬 더 잘살고 행복했을
것이라는 기대 때문이다. 정말 그럴까?

아침에 눈을 떠 회사나 학교까지 가는 데 얼마나
많은 인연이 얽혀 있을까? 나의 아침밥 한 공기에는
봄부터 가을까지 벼 이삭을 키운 농부의 노력은 말
할 것도 없고, 인간이 어떻게 할 수 없는 자연의 힘이

오롯이 담겨 있다. 감사하게도 풍요로운 추수를 했다고 해도 끝이 아니다. 그 곡물이 문제 없이 유통되도록 인간이 구축해 놓은 시스템은 또 얼마나 복잡한가!

그렇게 집을 나서서 대중교통을 이용할 때 지하철 기관사, 버스나 택시 기사의 건강에 이상이 생긴다거나 혹은 신호 체계에 문제가 생긴다면 회사나 학교에 제때 도착할 수 없다. 그뿐만 아니다. 주변 국가의 권력자가 전쟁을 일으키지 말아야 한다. 그 모든 시스템이 무사히 작동해 회사에 도착하더라도 아직 끝이 아니다. 그 건물을 지을 때 생긴 부실 공사의 증세가 하필 오늘 나타나 엘리베이터가 멈추고 냉난방에 문제가 생기거나 수도관이 터져도 나의 하루 일과는 '안녕'할 수 없다.

이처럼 당연해 보이는 일상조차 내가 상상할 수 없는 수많은 원인과 조건들이 인드라망의 구슬처럼 서로가 서로를 끝없이 비추며 만든 결과물이다. 그러므로 당장 램프의 요정이 나타나 내 지난 삶의 어느 항목 하나만 바꿔 줄 수 있다고 해도, 그 선택에는 또다시 수많은 새 원인과 조건이 따라붙게 된다. 따라서 그 하나의 변화로 지금보다 행복한 결과, 더 불행한 결과가 있을 것이라고 보장할 수는 없다.

만약 여전히 '그때 그랬더라면'이라는 가정이 가슴 한편에 진한 후회를 남기고 있다면 기억하자. 그것은 그저 자신을 괴롭히는 집착일 뿐이며, 앞으로 어떤 선택을 하더라도 그 집착이 있는 한 늘 후회가 뒤따를 것임을.[4]

내 안에서 부는 바람에 흔들리지 마라

056 모든 사람은 가슴속에 원숭이를 키운다

마음이라는 것은 원숭이가 숲을 돌아다니며 이 나뭇가지
를 잡았다가 다시 또 다른 나뭇가지를 잡는 것과 같이 늘
대상 따라 변해간다. 『상윳따 니까야』「배우지 못한 이에 관한 경전」

밤에 쓴 편지는 부치지 못한다는 말이 있다. 단
지 밤의 고요함 속에서 쓰는 글이 감정적이기 때문
만은 아니다. 다음 날이 되면 또다시 바뀌는 환경과
의 상호작용 속에서 우리의 마음이 늘 변하기 때문
이다. 지금은 그것만이 전부인 듯 행동하지만, 조금
지나 돌이켜 보면 그럴 필요도 이유도 없었다는 생각
이 들어 내가 한 행동을 후회하게 된다.

붓다는 이렇게 수많은 대상을 쫓아다니며 여러
생각을 만들어내는 마음 작용을 마치 원숭이가 한
손으로 이 나뭇가지를, 또 다른 한 손으로 다른 나뭇
가지를 잡고 쉴 새 없이 옮겨다니는 것과 같다고 했
다. 그렇다면, 지금 원하는 걸 얻지 못해 가슴을 치며

4장 내 안에서 부는 바람에 흔들리지 마라

통탄하고 애태우고 답답해하는 이 마음은 영원한 마음일까? 다음 날이면 마음의 원숭이에 이끌려 또 다른 생각의 나뭇가지로 옮겨 가지 않을까?

057 모든 풍경은
내가 그려낸 것이다

마음은 뛰어난 화가와 같아서 이 세상에 그려내지 못하
는 것이 없구나.
『화엄경』

이 세상에 생명체가 없다고 가정해 보자. 바람이
불어 거센 파도가 일고 해변의 바위에 부딪히며 소리
를 낸다. 이때 파도 소리는 이 세상에 존재하는 것일
까? 아니다. 생명체가 없는 세상에서는 그저 공기 진
동이 있을 뿐이다. 진동은 소리가 아니다. 그것이 소
리가 되기 위해서는 진동을 받아들이는 생명체의 감
각 기관이 있어야 한다. 우리 귓속에 있는 고막처럼
말이다. '소리'라는 것은 파도가 바위에 부딪혀 공기
진동이 생기고, 그 진동이 고막에 닿아야 생긴다. 물
론 그 뒤에도 뇌의 복잡한 반응이 있어야 비로소 소
리가 인식되긴 하지만, 핵심은 이 세상에 소리라는
것은 원래 없다는 사실이다.

한여름의 더운 바람과 한겨울의 차가운 바람도

존재하는 것이 아니다. 이 세상에 무엇인가 존재하는 이유는 '내'가 있기 때문이다. 바꿔 말하면 우리는 '내'가 그린 세상 속에 있는 것이지 원래 그런 세상이 존재하는 것이 아니다. 좋은 느낌도, 나쁜 느낌도, 그저 내 마음이 만들어내는 것이다.

058 내가 보고 들은 것을 그대로 믿지 말라

마부에 의해 잘 길들여진 말처럼 감각 기관을 잘 조절하여 평온함에 도달한 이, 자만심을 버리고 번뇌가 없는 그러한 이를 신들조차도 부러워하리라.

『법구경』〈거룩한 수행자의 품〉

지독한 감기에 걸리면 냄새 맡는 기능을 일시적으로 잃어버린다. 후각은 미각 기능과도 연결되어 있어서, 후각이 없으면 음식 맛도 알지 못한다. 밥을 먹고 양치질을 하지 않아도 내게서 얼마나 불쾌한 입냄새가 나는지 모른다. 맛있다는 고급 한우를 먹어도 그저 육류를 씹는다는 질감만 느껴질 뿐, 맛이 느껴지지 않는다.

옷에 살짝 뿌리는 향수도 마찬가지다. 아무리 고급 향수라 할지라도 그저 공기 중에 흩어지는 작디작은 액체 방울들일 뿐, 명품이든 싸구려이든 아무 의미가 없다. 만약 우리 모두 냄새를 맡지 못하게 진화되었다면, 애초에 악취라는 개념이 존재하지 않으니 향수라는 건 만들어질 이유도 없었다.

결국 우리가 안다, 느낀다, 인식한다고 하는 것은 우리의 눈, 코, 귀, 입, 피부를 통해 들어온 정보를 뇌가 해석한 것이지 이 세상의 본래 모습 그대로를 아는 것이 아니다. 눈이 퇴화한 두더지가 그리는 세상도, 우리와 다른 눈 구조를 가진 꿀벌이 그리는 세상도 서로 다르다. 따라서 내가 가진 욕망과 집착은 제한된 우리 감각 기관이 왜곡해서 키운 것일 뿐 원래 존재하는 것이 아니다. 그래서 붓다는, 마음의 평온함을 얻고자 한다면 눈과 코와 귀와 입과 피부로 느끼는 감각을 그대로 믿지 말라고 가르쳤다.

059 단번에 다스려지는
마음은 없다

그 어떤 것도 이렇듯 빨리 변하는 것을 본 적이 없나니, 그
것은 바로 마음이구나. 마음이 얼마나 빨리 변하는지 그
비유를 드는 것조차 쉽지 않구나.

『앙굿따라 니까야』「하나의 모음」

    평생 내가 키워 온 마음의 원숭이는 탐욕의 나뭇
가지에서 누군가에게 분노하는 나뭇가지로 잠시도
쉬지 않고 뛰어다닌다. 남들과의 비교를 통해 자만의
열매를 따먹기도 하고, 이미 지나간 일들의 나뭇가지
에 매달려 후회를 만들어내기도 한다. 왜 우리는 마
음의 원숭이에게 이렇게 끌려다니기만 하는가? 우리
가 이 원숭이를 어딘가에 묶어 놓고 그로부터 벗어
나려는 노력을 해 본 적이 없기 때문이다.

    그래서 명상이 중요하다. 명상은 원숭이의 움직
임을 바로 바라봄으로써 내 진짜 마음을 원숭이로부
터 떼어놓는 기회를 제공한다. 오늘부터 잠깐이라도

가만히 앉아 두 눈을 감고 원숭이와 나를 분리하려는 시도를 해 보자. 아마 평생 내 마음을 길들여 온 원숭이가 아우성쳐 금방 포기하고 싶어질 것이다. 그러면 다시 시도하자. 원숭이 역시 포기하지 않고 괴롭힐 것이다. 그러면 다시 또 시도하자. 힘들어서 못하겠는가? 그래도 노력해야 한다. 힘들다는 생각이 드는 것 자체가 원숭이와 멀어지고 있다는 의미 있는 증거이기 때문이다. '단 한 번에', '단 한 방에' 얻어지는 진리란, 평화란, 행복이란 다 거짓일 뿐이다.

060 삶은
현실인 동시에 꿈이다

모든 현상과 존재는 꿈과 같고 환상과 같고 물거품과 같고
그림자와 같고 이슬과 같고 번개와 같다고 바라보아야 할
것임을….

『금강경』

〈공각기동대〉는 상업 영화로서의 오락성은 물론
철학적 고찰에도 성공했다고 평가받는 일본의 애니
메이션이다. 이 작품은 과학기술의 발전에 의해 우리
뇌를 컴퓨터로 재현할 수 있게 된 시대를 배경으로
인간이 '전자두뇌'를 탑재하게 된 미래를 그린다.

영화 속에서는 해커가 등장해 한 남성의 전자두
뇌를 해킹한다. 이 남성은 사랑스러운 아내와 딸과
별거 중이었고 가족이 재결합하기를 늘 바랐으나 사
실, 그는 결혼한 적도 없는 독신남이었다. 해커가 그
의 전자두뇌에 거짓 기억을 주입했고, 이로 인해 가
족에 대한 그의 마음마저 조작된 것이었다. 피해자
는 국가기관의 도움으로 그 사실을 알게 되었지만 이

4장 내 안에서 부는 바람에 흔들리지 마라

를 쉽게 받아들이지는 못했다. 아내와 딸이 존재하지 않는다는 사실을 머리로는 이해했지만, 그동안 가졌던 가족에 대한 사랑은 여전히 그의 가슴에 남아 그를 눈물짓게 한다. 이 안타까운 남성을 바라보며 그를 조사하던 누군가가 혼잣말로 속삭인다.

"가짜 체험도, 꿈도, 존재하는 정보는 모두 현실이면서 환상인 거야. 한 인간이 평생 알게 되는 정보란 모두 허망한 것일 뿐이야."

영화 속 이야기만은 아니다. 나의 일상을 좌우하는 지금 이 감정과, 진실이라고 믿고 있는 일들을 가만히 들여다보자. 그 모든 것들이 정말 사실에만 기반해서 생긴 것일까? 도대체 '사실'이라는 것은 무엇일까? 나의 오해나 내 주관적 판단에 의해 생긴 소위 '뇌피셜'은 아닐까?

모든 현상은 환상과 같고 이슬처럼 사라질 뿐이라고, 붓다는 말했다. 이미 알고 있는 것들을 항상 경계하라. 나는 언제든 틀릴 수 있다.

061 무의식은
모든 것을 알고 있다

저 깊은 무의식에는 우리 행동과 의식이 씨앗처럼 저장되어
있고, 이 씨앗은 조건과 환경을 만나면 다시 싹을 틔운다.

『유가사지론』

취중진담이라는 말이 있다. 술에 취하면 평소 꺼
내 보이지 않던 마음속 진심을 자기도 모르게 드러
내게 되는 것을 일컫는 말이다. 사람은 긴장이 풀릴
때 무의식에 숨어 있던 행동이 튀어나오기 때문이다.
그런데 사실 취했을 때 말고도, 인간의 행동은 의식
적으로 이루어지는 경우보다 무의식에 의해 지배당
하는 경우가 훨씬 많다.

마치 빙산처럼, 우리가 평소에 보이는 언행은 마
음의 일부분만 반영된 것이고, 진짜로 가지고 있는
마음은 무의식이라는 수면 속에 깊이 잠겨 있다. 그
래서 프로이트는 마음의 병을 치료하기 위해서는 그
사람의 무의식을 알아야 한다고 했다. 자신을 찾아

온 환자들이 사회의 터부나 부끄러움 때문에 속마음을 이야기하지 못할 때, 프로이트는 그 사람의 꿈을 해석하여 그의 무의식을 이해하려 하였다.

그런데 그보다 앞선 2,000년 전, 붓다의 제자들은 깊고 깊은 명상을 통해 일상에서 느끼는 의식과 다른 무의식이 거대한 강물처럼 흘러감을 직감했다. 그리고 그 무의식 속에는 우리가 평소에는 떠올리지 못하는 모든 기억이 들어 있음을 알게 되었다.

우리는 나를 지켜보는 사람이 없는 상황에서 나쁜 유혹에 빠지기 쉽다고 생각한다. 하지만 무의식에 관한 붓다의 가르침에 따르면, 누가 보든 그렇지 않든 그 모든 우리의 언행은 우리의 무의식이 간직한다. 따라서 '운 좋게 넘어간' 나쁜 언행들은 무의식 속에 저장되었다가 반드시 나를 파멸로 이끈다.

062 화를 내는 것은 마음이 어둡기 때문이다

어떤 이가 나와 내가 아끼는 이에게 불이익을 주었다는 생각이 들 때, 또는 그가 내가 싫어하는 이에게 이익을 주었다는 생각이 들 때 생기는 마음, 그것을 화라고 한다.

『담마상가니』

흔히 화를 낸다고 하면 과격한 성격이나 폭력적 행동을 떠올리지만, 화의 원인을 살펴보면 그것들과는 조금 다르다. 붓다의 가르침에 의하면 화는 무언가에 대한 반대, 거부, 미움이 그 사람의 마음에 녹아 있음을 의미한다. 즉, 누군가에게 자주 반대당하고, 거부당하고, 미움받은 사람은 자신감과 적극성을 잃어 초라함을 느끼게 된다. 그리고 그 사람에게는 거절당함, 인정받지 못함, 실패함 등의 부정적 에너지가 가득 차 마음이 어두워진다.

문제는 이러한 어두운 에너지들이 망상으로 이어져 좋지 않은 결과를 불러일으키게 된다는 것인데,

바로 이것이 분노와 화의 본질이다.

지금 나 자신이, 혹은 주위의 누군가 화가 났다면 나, 그리고 그 사람은 결코 태어날 때부터 과격했던 사람이 아니라는 사실을 기억해야 한다. 세상에 거부당한 상처투성이 마음이 그 이면에 존재한다는 것을 이해하고, 다그치기보다는 어루만져 주어야 한다.

063 질투로부터
자유로워지는 법

질투는 타인의 성공에 불만을 품고 불쾌함을 느끼는 것
으로, 우리를 속박하는 마음 중 하나이다.　　『청정도론』

비교를 일삼는 사람은 타인보다 자신이 초라하
다고 느껴 마음이 어두워지고, 베풀기를 꺼리는 사
람은 타인이 자신의 것을 함께 누리는 일을 미워하
므로 마음이 어두워진다. 그래서 누군가의 성공에
질투가 나고 남과 공유하는 것에 인색하다면 그것은
단순히 '속이 좁아서' 생기는 문제가 아니다. 내 안에
분노와 화가 들끓고 있기 때문이다.

질투와 인색함으로 어두워진 마음을 밝히는 가
장 쉬운 방법은 소중한 사람의 행복을 비는 것이다.
가장 가까운 친구가 기뻐하던 모습을 떠올리며 미소
를 지어 보자. 어두운 곳에서 신음하던 내 마음이 조
금씩 밝은 곳으로 나오게 될 것이다.

064 잘하려는 욕심이
내 마음을 흔든다

좋아하는 대상을 쫓는 이의 들뜬 마음은 고요하지 않으
니 이 역시 탐욕의 일종이구나.　　　『아비다르마 삼웃짜야』

　　깃대에 묶인 깃발은 바람이 불면 소리를 내며 펄
럭인다. 우리의 마음도 이와 같다. 어떤 대상을 원하
는 순간, 탐욕이라는 바람이 불어와 마음을 흔들어
놓는다. 무언가를 잘 해내고 싶다는 욕심이 생길 때
도, 누군가의 앞에서 잘나 보이고 싶다는 생각이 들
때도, 마음은 끊임없이 요동친다. 이 과정에서 불안
이 밀려오거나 자신을 꾸미려 나쁜 짓과 거짓말을 하
게 되면, 마음은 더욱 불안정해진다.

　　붓다는 이러한 마음 상태를 '들뜸restlessness'이라
불렀다. 마음이 들뜨면 사소한 일에도 쉽게 흔들리
고, 평소에는 문제없이 해내던 일조차 실수가 잦아진
다. 따라서 들뜸 역시 우리를 괴롭게 하는 번뇌의 한
종류이다.

살아가다 보면 좋아하는 대상이 생기기 마련이고, 그것을 갖고 싶은 마음에 들뜨게 되는 순간이 온다. 그럴 땐 어딘가에 집중하려는 노력이 도움을 준다. 눈을 감고 호흡에 집중해 보라. 찰나의 고요가 쌓이면 들떴던 마음은 가라앉게 되고, 탐욕이라는 바람이 나를 흔들지 않도록 도와줄 것이다.

065 사람을 믿지 말고
나를 믿어라

사람을 사귀고 믿고 정을 나누며 얽히다 보면 삶의 참된
이익을 잃어버릴 수 있으니, 코뿔소의 뿔처럼 혼자서 가라.

『숫타니파타』 「코뿔소 뿔의 경전」

'그 사람 그렇게 안봤는데…'라는 후회를 하며
곤란에 빠진 경험은 누구에게나 있을 것이다. 그런데
유독 사람을 잘 믿는 성향이 강한 사람들이 있다. 이
들은 매사에 대체로 긍정적이고 낙관적이다. 그래서
하던 일이 잘 안 되면 금방 포기하고 방향도 잘 바꾸
는데, 사람을 잘 믿듯 다른 일의 성공 가능성도 잘 믿
기 때문이다. 따라서 이들은 일을 할 때 확신이 없으
면 일을 잘 진행하지 못한다.

또, 잘 믿는 만큼 잘 속지만, 크게 신경 쓰지 않는
다. 자신의 이익을 우선적으로 생각하지 않고 요청
받은 대로, 부탁받은 대로 하려다 보니 재산이나 생
명을 잃는 희생도 감내한다. 판단력이 떨어지는 것은

아니지만 판단에 앞서 반드시 타인의 말을 먼저 듣는다. 당연히 이들은 타인을 속인다거나 곤경에 빠트리려 하지 않는다.[5] 어리석다고 볼 수도 있겠지만, 한편으로는 계산적이지 않고 우직한 편에 속한다고 할 수도 있다. 후자로 본다면, 고대 출가자들 중에는 깨달음에 대한 확신과 믿음을 가진 이러한 성향의 사람들이 많았다. 이처럼 성향이라는 것은 내가 어떻게 생각하고 계발하느냐에 따라 전혀 다른 결과를 낼 수 있다.

따라서 누군가를 잘 믿는 성향이 있다고 해서 자신을 너무 자책할 필요는 없다. 단, 신뢰하고 긍정적인 마음을 사람에게 쏟지 말고 내 안에 있는 발전 가능성으로 방향을 바꿔 보자. 나는 뭐든지 할 수 있는 사람이라고, 아주 크게 성공할 수 있다고 말이다.

066 말로는 금송아지
백 마리도 만든다

서두르지 않고 많은 말을 하지 않으며 늘 옳고 그름을 분별하는 이가 현명한 사람이다.

『법구경』〈진리에 발 딛고 있는 이의 품〉

직장이나 조직 생활을 하다 보면 반드시 크고 작은 회의를 하게 된다. 그런데 각자 다른 생각을 가진 사람들이 모인 곳이다 보니 의견이 한 방향으로 모아지기가 쉽지 않다.

어떤 사람은 회의 주제와 상관없는 혼자만의 생각을 이야기한다. 어떤 사람은 자기는 좋은 생각과 의지가 있는데 다른 사람들이 따라주지 않아 하지 못한다고 한다. 세상에서 가장 완벽한 방법을 찾는 것이 회의의 목적이 아닌데도 어떤 사람은 그 일이 왜 안 될 수밖에 없는지 비판만 한다. 그뿐만 아니다. 또 어떤 사람은 그 일이 성공하기 위해 필요한 현장의 상황은 전혀 모른 채 이상적인 이야기만 늘어놓는다. 어떤 사람은 과정은 생략한 채 결과만 빨리 내면 그만이라고 하고 또 어떤 사람은 자신이 어디의 누구를 잘 알고 있으니 그에게 부탁하면 된다고 한다.

이런 부류의 사람들은 결국 말로만 떠들 뿐 현명한 사람이 아니다. '우리 집에 금송아지 백 마리가 있다.'라고 말로 하지 못할 사람이 어디 있을까. 이 세상에 말로 못 할 일은 아무것도 없다.

반대로, 일을 현명하게 처리해 나가는 사람은 먼저 주어진 현실 속에서 할 수 있는 범위와 한계를 명확히 인식한다. 그리고 누구나 다 아는 뻔한 이야기를 말로만 떠들지 않고 일단 그 일에 착수한다. 그리고 예상하지 못했던 상황이 발생했을 때는 다시 융통성을 발휘해 계획을 수정한다. 그런 사람이 다름 아닌 일상 속에서 만나는 현명한 사람이며 많은 이들에게 도움을 주는 사람이다. 소위 '좋은 말 대잔치'는 아무런 도움이 안 된다.

067 생각에도 일시정지가 필요하다

사고하고, 마음을 움직이고, 바른 의도를 가지는 것. 이 모든 것을 '고찰'이라고 한다.

『분별론』

말없이 혼자 생각에 빠질 때가 있다. 머릿속에서 다양한 가정과 상상이 서로가 맞다고 토론한다. 생각이 많아질수록 결론에 이르는 시간은 그만큼 늦어지고, 그래서 생각이 많은 사람은 주위 사람에게 답답하다는 인상을 줄 수도 있다. 하지만 사람은 단 하나의 성향으로 규정할 수 없기 때문에 그러한 성향 자체를 좋다 나쁘다로 평가해서도 안 된다.

생각이 많다는 것은 그만큼 자신이 맡은 일과 앞으로의 일들에 대해 철두철미하게 분석한다는 뜻이다. 고대 사회에서 이런 성향의 사람들은 사상가나 철학가로 이름을 남겼다. 현대 사회에서도 연구자나 학자로 공동체에 큰 도움을 준다. 또한 가족이나 사회 공동체 안에 일을 서둘러서 처리하려는 사람이 있을 때, 고찰하고 숙고하는 사람이 그들을 억제하여 나쁜 결과를 피할 수 있게 해 준다.

하지만 답이 나오지 않을 때는 일부러 사색을 끊을 필요도 있다. 하나의 생각에 지나치게 빠지다 보면 새로운 관점에서 문제를 바라보기가 어려워지기 때문이다.

꽉 막혀 있는 생각을 푸는 데 도움을 주는 간단하고 유용한 방법이 있다. 명상의 주요한 방법으로 권장되는 '걷기'다. 노트북을 덮고, 모니터를 끄고 어디든 가볍게 걸어 보자. 그리고 내가 몰두했던 생각에서 벗어나기 위해 왼발이 앞으로 나갈 때 '왼발'을 떠올리고 오른발이 앞으로 나갈 때 '오른발'을 되뇌어 보자. 상상 이상의 상쾌함을 맛볼 수 있을 것이다.

068 부끄러움이 없으면
뻔뻔해진다

잘못된 행동을 두려워하지 않는 마음을 '부끄러움이 없
는 것' 즉 후안무치厚顔無恥라고 한다.   『아비다르마코샤』

학교나 직장, 혹은 사회생활 속에서 우리는 남에게 피해가 가든 말든 자기 욕심만 챙기는 사람을 만나게 된다. 어떻게 저럴 수 있을까 싶을 정도로 안하무인인 사람도 있다. 이를테면 아파트 경비원에게 개인적인 일을 시키기도 하고, 배달 기사에게 음식물 쓰레기를 버려 달라는 둥, 담배를 사 오라는 둥 과한 서비스를 요구하기도 한다.

이는 모두 상대에 대한 조심성과 존경심이 결여된 탓이다. 이런 사람들이 가진 마음의 뿌리를 찾아가 보면 몰염치를 발견할 수 있다. 누구에게나 비난받을 수 있는 행동인데도, 자신의 태도에 부끄러움을 느끼지 않는 것이다.

붓다는 우리의 삶을 괴롭게 만드는 3가지 마음

을 탐욕과 분노와 어리석음이라고 규정했다. 그리고 몰염치는 이 3가지 독약이 어우러져 만들어낸 결과물 중 하나라고 일러 주었다.

늘 누구에게나 하고 싶은 말을 다 하는 것이 당당한 태도라고 생각하는 사람이 있다. 하지만 그 행동은 뻔뻔함을 당당함이라고 착각한 것에 불과할 수도 있음을 성찰해야 한다.

4장 내 안에서 부는 바람에 흔들리지 마라

세상의 소음이 나를 방해하지 못하게 하라

069 마음을 흔들리지 않게
묶어두는 법

땅 위로 내던져진 물고기가 퍼덕거리듯 나의 마음은 언제
나 동요하고 혼란스럽다.　　　　　　　『법구경』〈마음의 품〉

불교를 비롯하여 인도에서 발생한 거의 모든 종
교와 사상에는 공통된 특징이 있다. 바로 요가Yoga라
는 직접 체험을 기반으로 한다는 점이다.

우리나라에서 요가는 어느 순간부터 다이어트
의 대명사로 변해 버렸지만, 요가의 본래 의미는 '묶
다', '고정하다'로, 집중, 명상, 삼매, 수행의 의미를 담
고 있다. 즉, 요가는 단순한 신체적 운동이 아니라, 퍼
덕이는 마음을 하나의 대상에 묶어 보는 정신적 수
련인 것이다. 실제로 마음을 묶어 본다는 것이 무엇
이고, 또 그렇게 하면 어떤 일이 일어날까?

일상생활에서 누구나 경험해 본 요가로는 '독서
삼매讀書三昧'가 있다. 흥미로운 책을 읽을 때 마음이
완전히 책에 빠지게 되면 책 이외의 것은 보이지도

않고, 들리지도 않고, 냄새도 못 느끼게 된다. 요컨대 다른 잡념은 모두 잊고 단 하나에만 집중해 보는 것, 이것이 바로 요가다.

그래서 예로부터 수행자들 사이에서는 수행을 이렇게 가르쳐 왔다.

"밥 먹을 땐 밥만, 장작을 팰 때는 장작만 생각하라. 그것이 곧 수행이다."

070 감정이 요동칠 땐
결정을 미룬다

사마타를 닦으면 마음이 정화되어 욕망이 사라지고, 비파사나를 닦으면 명확한 통찰이 생겨 그로 인해 어리석음이 사라지리니.

『앙굿따라 니까야』「두 가지의 모음」

붓다 가르침의 핵심은 절대자와의 접촉이나 신비적 체험이 아니라 '자신의 마음을 만나는 것'이다. 이를 위해 붓다는 사마타samatha와 비파사나vipassanā라는 두 가지의 명상 방법을 제안했다. 사마타는 마음의 산만함을 안정시키는 훈련이고, 비파사나는 이를 바탕으로 삶과 죽음의 본질을 꿰뚫어 보는 지혜를 기르는 과정이다.

이 둘의 관계는 파도치는 바다에 비유할 수 있다. 바다에 파도가 치면 바닥을 볼 수 없지만, 파도가 가라앉으면 그 안을 선명히 들여다볼 수 있다. 파도를 가라앉히는 것이 사마타, 잔잔해진 바다를 들여다보는 것이 비파사나다. 따라서 먼저 사마타를 행하고, 이후에 비파사나를 행해야 한다.

불교가 인도에서 중국으로 전해질 때, 중국인들은 잡념을 가라앉힌다는 의미에서 사마타를 '멈출 지止'로, 사물을 명확히 관찰한다는 의미에서 비파사나를 '볼 관觀'으로 번역했다. 사찰에 가면 '지관전止觀殿'이라는 건물을 볼 수 있는데, '멈춰서 본다.'라는 뜻의 지관을 행하는 장소를 의미한다.

마음이 흔들리는 순간이 온다면, 지관의 원리에 따라 먼저 마음을 가라앉혀야 한다. 가령 소비 욕구를 부채질하는 '지름신'이 강림할 때 구매 버튼을 바로 클릭하지 말고, 최소한 내일 아침까지는 기다려보자. 나는 지금 몹시 들떠 있어 바른 판단을 하지 못하기 때문이다. 그리고 들떠 있는 마음이 가라앉으면 그 물건이 꼭 지금 필요한지 들여다보라.

파도가 일고 있을 때 결정을 내리면 감당하기 힘든 결과를 초래할 수도 있다. 명심하자. 내 마음에는 늘 파도가 치고 있음을.

071 무념무상은 생각없이 사는 게 아니다

모든 사유를 완전히 멈출 때 곧바로 깨달음에 들어간다
면, 술에 취해 아무 생각 없이 잠든 자나 생각할 줄 모르는
나무나 돌은 이미 깨달은 존재인가? 〈삼예사의 논쟁〉

어느 날, 잘 알고 지내던 노스님이 이런 말을 들
려주었다. 출가했다가 다시 세상으로 돌아가는 이들
을 보면, 처음 출가할 때 그저 풍경 좋은 산속에서 나
무에 붙어 노래나 부르는 매미처럼 평온하게 살 거라
고 기대했던 경우가 많다는 것이다. 그도 그럴 것이,
'불교' 하면 떠오르는 대표적인 개념 중 하나가 생각
이 멈춘 상태를 뜻하는 '무념무상無念無想'이기 때문
이다.

속세의 시끄러움에서 벗어나고 싶은 마음에 출
가하면, 조용한 자연 속에서 목석처럼 살 수 있으리
라 오해하게 된다. 하지만 절집은 깨달음을 구하는
이들이 모여 수행하는 공간이지, 이미 깨달은 자들

만이 머무르는 천상 극락이 아니다. 따라서 단단한 각오 없이 출가하면 그 생활을 지속하기 어려울 수밖에 없다.

붓다가 전하는 무념무상의 진정한 의미는 바른 분별력을 길러 망상을 없애라는 것이지, 아무 생각 없이 살아가라는 뜻이 아니다. 그렇게 살길 원하는 마음이야말로 끊어내야 할 망상이다.

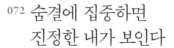 072 숨결에 집중하면
진정한 내가 보인다

이 모든 것이 한순간뿐임을 관찰하면서 들이쉬고, 내쉰다.
이 모든 탐욕이 사라지는 것을 관찰하면서 들이쉬고, 또
내쉰다.　　　　　　『맛지마 니까야』「라훌라를 가르치는 긴 경전」

　　눈을 감고 앉는다. 그리고 천천히 숨을 들이쉰다.
'아, 숨이 들어오는구나….' 그리고 천천히 내쉰다.
'아, 숨이 나가는구나….' 들숨과 날숨이 끝나면 숫
자 '하나'를 센다. 그리고 다시 들이쉬고 내쉬며 숫자
'둘'을 센다. 온전히 내 몸과 내 안에 다녀가는 공기
에만 집중해 본다.

　　그러나 들숨과 날숨 사이의 짧은 순간에도, 혹은
숫자 하나와 둘 사이에도 문득 오늘 나눈 대화가 떠
오르고, 조금 전에 본 유튜브 영상이 스쳐가며, 며칠
전, 몇 달 전, 혹은 몇 년 전의 일이 불쑥 떠오른다. 나
를 화나게 했던 사람의 얼굴, 그때 하지 말아야 했던
말과 행동, 하고 싶었지만 못했던 말들…. 순서도, 연

관성도 없이 온갖 생각의 찌꺼기들이 마구 솟아오를 것이다. 그것이 바로 지금의 내 모습이다.

나는 내 생각대로 살아간다고 믿지만, 실상 나를 지배하는 것은 환경과 습관이 만들어 놓은 논리적이지도, 합리적이지도 않은 감정과 생각의 덩어리들이다. 그들은 내 안에 도사리고 있다가 특정한 조건을 만나면 불쑥 튀어나온다. 예를 들어, 삶의 습관이나 환경이 허영심을 키워 놓았다면, 월급이 들어오자마자 비싼 명품을 살 것이다. 그리고 결국 후회하거나, 혹은 또 다른 허영심으로 이어지게 된다.

그러니 나를 찾기 위해 가장 먼저 해야 할 일은 '산티아고 순례길'에 오르는 것이 아니라, 눈을 감고 내 생명의 가장 기본인 호흡에 집중하는 것이 아닐까?

073 수단이
목적이 되어서는 안 된다

현악기의 줄은 지나치게 팽팽해도, 느슨해도 좋은 소리를 낼
수 없다. 그와 같이 지나친 명상은 마음을 들뜨게 하고, 느슨
한 명상은 게으름을 낳는다.

『앙굿따라 니까야』「소나 존자에게 가르침을 전하는 경전」

멋진 체형을 만들기 위해 피트니스 클럽에서 열
심히 운동하고, 닭가슴살을 먹는 사람들이 있다. 그
런데 이런 사람들 중에는 겉보기와 달리 건강하지
못한 사람도 많다. 건강한 삶을 위해 몸을 가꾼 것이
아니라, 그저 SNS에 남길 사진을 찍기 위해 피트니스
클럽에 머물 때 이런 불상사가 발생한다.

명상 또한 그렇다. 명상을 통해 얻어야 할 것은
비바람이 치는 현실 속에서도 통찰력을 가지고 살아
가는 힘이다. 명상이라는 행위 그 자체에만 집착하
며 '명상 몸짱'이 되거나, '명상 근육'을 키우는 것이
목적이 되어서는 안 된다.

074 썩어가는 내 몸을
떠올려 보라

> 그대의 몸도 결국 구더기가 파먹고 온갖 악취를 풍기며 퍼
> 렇게 부풀어올라 썩어갈 것이라는 깨달음을 얻게 된다면
> 모든 욕정이 사라지게 될 것이다.
>
> 『맛지마 니까야』 「라훌라를 가르치는 긴 경전」

어떤 대상이 아름답거나 멋있거나 예쁘다고 생
각하면, 자연스럽게 그 대상에 대한 집착이 생긴다.
그렇기에 그 대상을 손에 넣지 못했을 때, 혹은 손에
넣었다가 다시 놓아 버려야 할 때 강한 슬픔에 직면
하게 된다.

이때 우리가 생각해 보아야 할 것은 무언가를 보
고 '아름답다, 멋있다, 예쁘다'고 느끼는 것은 시시각
각 변하는 주관적인 판단일 뿐이라는 것이다. 아무
리 강하게 내 마음을 사로잡은 대상이더라도, 그 대
상에 흥미가 떨어지면 내가 언제 그랬냐는 듯이 또
다른 대상을 쫓아가게 된다. 그렇게 평생 욕망의 굴

레에 사로잡혀 벗어나지 못하는 것이 인간의 본성이다.

그래서 고대 인도에서는 이성에 대한 욕망이 강한 사람들에게 부풀어오르고 썩어가는 시신을 관찰하고, 이를 떠올려 보는 훈련을 시켰다. 모두 그렇게 썩어서 흙으로 돌아간다는 명확한 이해가 생길 때, 육체에 대한 과도한 집착과 망상은 저 멀리 사라지게 된다.

075 사랑하고, 연민하고, 기뻐하고, 냉정하라

청정한 삶을 위해 닦아야 할 4가지 수행이 있으니 바로 사랑, 연민, 희열, 그리고 평정심이다.

『청정도론』

사람들이 예수를 위대하고 거룩한 성인으로 추앙하는 이유는 짧은 생애 동안 그가 보여 준 사랑의 정신 때문이다. 예수와 붓다를 비롯한 성인들의 공통점은 자신에 대한 이기적인 집착에서 벗어났다는 것이다. 이는 결코 쉬운 일이 아니기에, 붓다는 명상을 통해 집착을 다스리는 방법을 단계적으로 명확하게 알려주었다.

붓다의 가르침을 떠올릴 때 사람들은 흔히 '자비慈悲'를 말한다. 자慈는 사랑, 비悲는 타인의 아픔에 연민을 갖는 것을 의미하며, 여기에 더해 타인의 기쁨에 희열을 느끼는 희喜와 모든 일에 대한 평정을 의미하는 사捨를 더하면 붓다가 이야기한 '자비희사'라는, 명상의 중요한 4단계가 된다. 명상은 '자-비-

희-사' 순으로 진행되며 단계가 지날수록 점점 어려워진다.

이 모든 단계를 거치면 '천둥소리에 놀라지 않는 사자'와 같이, '그물에 걸리지 않는 바람'과 같이 자유롭고 청정한 삶을 얻게 된다.

076 가까운 사람부터
아껴 준다

내가 행복을 원하고 고통을 싫어하듯 타인 역시 그러한
삶을 살기를 바라야 한다.

『청정도론』

지금 이 순간, 나와 가장 친한 친구의 이름을 떠올려 보자. 비록 작은 일이라도 그 친구를 위해 마음쓰고 양보했던 일들도 떠올려 보자. 반대로 친구가나를 위해 기꺼이 손해 보면서 내 일에 도움을 줬던고마움도 되새겨 보자.

꼭 위인이나 성인군자가 아니더라도 누구나 일상의 삶 속에서 친구와 이러한 추억을 가지고 있다. 친구를 위해 마음을 쓰고 수고를 마다하지 않을 때 꼭대가를 바랐던 건 아니다. 그저 내 친구니까 했던 것이지 우정이라는 말에 충실하기 위해, 착한 행동을의식해서 그런 행동을 했던 것은 아니다.

이제 그때의 마음을 떠올려 보자. 그 순수한 마음이 움직였을 때가 나의 내면에 행복이 가득했던 순간이다. 이것이 붓다의 자비 중 '자慈'에 해당한다.

성격이나 능력과 관계없이, 사람이라면 누구에게나 이런 마음이 존재한다. 이제 그 마음을 내가 자주 가는 단골집 주인으로 확대해, 그가 잘 되기를 염원해 본다. 그 마음이 커가면 점점 더 많은 사람들을 대상으로 그들이 잘 되기를 빌어 본다. 단, 이성적 대상은 애욕을 불러일으키므로 여기서는 제외하자. 우정의 마음을 키워가는 것이다.

더 나아가 나를 미워하는 사람, 내가 미워하는 사람에게까지 영역을 넓혀 보자. 그래도 미움이 가시지 않으면 포기하지 말고 더 연습이 필요하다고 생각하면 되고, 미움이 사라지면 내 명상이 성공했다고 생각하면 된다. 그것이 곧 나의 행복으로 연결되는 것이다.[6]

명상은 이렇게 모두에게 있는 마음을 재료로 누구나 할 수 있는 것이지, 신비체험을 가르치는 것이 아니다. 이것이 붓다가 가르쳐 준 명상의 힘이다.

077 타인의 아픔에 함께 눈물을 흘려라

이 세상 가장 어려운 이들의 고통마저 사라지기를 바라는
마음을 일으켜라.

『청정도론』

불교를 대표하는 용어인 자비에서 '비悲'에 해당
하는 고대 인도어는 '카루나karuṇa'인데 그 의미는 남
의 아픔에 눈물을 흘리는 것을 말한다. 타인에 대한
연민을 설명하는 말 중 가장 아름답고 정확한 말이
아닐까? 힘들어하고 아파하는 사람에 대한 공감이
없으면, 그가 힘들 때 형식적인 위로의 말은 할 수 있
겠지만 절대 함께 울어 줄 수는 없기 때문이다.

따라서 연민은 우정보다 한 단계 더 높은 수준의
마음가짐과 훈련이 필요하다. 우정의 마음도 갖추지
못한 채 아파하고 신음하는 사람을 대하려고 하면
오히려 불편해지고, 그 상황을 피하고 싶어지기 때문
이다.

우리 모두의 마음속에는 아픔이 있다. 부자든 가

난한 자든, 남자든 여자든, 각자의 자리에서 겪은 말 못 할 아픔이 있다. 또, 이해받지 못해 응어리진 슬픔이 있다. 특히 내 주위의 누군가가 나에게만 자신의 고뇌를 말해 줬다면 그의 아픔이 사라져 버리기를 염원해 보자. 진정으로 타인의 아픔에 눈물을 흘릴 때 내 마음의 크기는 그만큼 더 커져가리라.

078 타인의 성공을
내 일처럼 기뻐하라

> 내 친구가 황금 가마를 타고 다니길 바라며 그들의 행복
> 을 기뻐해 주어라.
>
> 『청정도론』

"사촌이 땅을 사면 배가 아프다."라는 속담이 있
다. 그만큼 예나 지금이나 남의 성공을 진심으로 기
뻐해 주는 것이 쉽지 않음을 나타낸다. 그래서 붓다
는 타인의 아픔을 함께 아파하는 것보다 타인의 성
공에 질투를 갖지 않는 것이 더 어렵다고 말했다. 그
런데 질투는 내 마음속에 분노가 가득 차 있는 상태
에 다름 아니다. 따라서 질투를 느낀다는 것은 내 마
음이 공격받고 괴로운 상태에 있음을 의미한다.

이 번뇌를 물리치기 위해서도 명상이 필요하다.
처음부터 내가 아는 모든 사람의 성공에 진심으로
기뻐하기란 쉽지 않다. 그러니 가장 친한 친구부터
떠올려 보자. 그가 성공했을 때, 그것을 내가 바라던
바를 이루었을 때처럼 기뻐하기는 어렵지 않다. '참

잘 되었구나.' 하며 기쁜 마음을 가져 본다. 이러한 명상을 반복하다 보면 나를 괴롭히는 번뇌인 질투와 미움과 우울함이 사라져간다. 그와 더불어 '나'라는 좁은 틀에 갇혀 있던 내가 더욱더 자유로워지는 감각을 맛볼 수 있게 된다.[7]

5장 세상의 소음이 나를 방해하지 못하게 하라

079 냉정해져라, 그것이 지혜다

마음이 언제나 같은 상태, 평온한 상태, 어느 한쪽으로 기울지 않는 상태가 바로 냉정이며 평정이다.

『아비다르마 삼웃짜야』

어린아이들은 장난감이든 군것질거리든 뭐든 눈에 띄는 것은 사달라고 조른다. 하지만 부모나 어른들은 저 장난감을 사줘도 아이는 하루 만에 싫증 낼 것을 잘 알고 있다. 또한 아무리 겉포장이 예쁘고 먹음직스러운 과자라도 설탕으로 잔뜩 맛을 내 건강에 좋지 않다는 것도 잘 알고 있다. 그래서 아이의 요구를 다 들어주지 않는다.

아이였을 때는 갖지 못해 안달이 나 울고불고하던 것이지만 어른이 되면 그러한 장난감의 효용이나 과자의 본질을 알기 때문에 초연해진다. 바꿔 말하면 장난감이나 과자에 대해 냉정해지고 그 유혹에 흔들리지 않는 평정을 유지하게 된다.

붓다가 가르쳐 준 4단계 명상 중 가장 높은 단계를 '버릴 사捨'를 써서 '사명상'이라고 한다. 이는 이 세상 모든 일들을 '버림'으로써 초연해짐을 의미한다.

만약 조용한 지하철이나 열차 안에서 누군가 큰 소리로 떠들거나 전화 통화를 하면 누구나 짜증스럽고 화를 내고 싶을 것이다. 나아가 그 사람의 교육 상태나 인성까지 나쁘게 보기 마련이다. 하지만 사명상 훈련이 잘된 사람은 '저 사람은 평소에도 저렇게 떠드는 성격이겠구나.'라고 생각하는 평정을 보인다.

한 걸음 더 나아가 친한 사람이 생을 마감하더라도 깊은 슬픔에 빠지기보다는 '사람이라면 누구나 죽지 않으면 안 된다. 이 사실을 잊고 있기에 슬픔이 찾아오는 것이다. 태어났다면 죽지 않으면 안 된다.'라고 초연해지는 것이다. 그래서 '버릴 사捨' 자를 써서 이 상태를 표현한 것이다.

단, 냉정함과 평정심은 무관심과 다르다는 사실을 기억하자. 이 단계는 뭇 생명들에 대한 깊은 이해와 사랑이 있기에 가능한 것이다.[8]

모든 것이 영원하다고 보는 것도 극단적 견해이고 모든 것
이 없다고 보는 것도 극단적 견해이니, 깨달은 이는 양극
단을 떠난 지혜를 가르치는구나.

『상윳따 니까야』「깟짜야나에게 가르침을 주는 경전」

붓다는 사람들이 유혹에 빠져 좋지 않은 결과를
일으키는 이유를 고찰해 보았다. 그 가장 깊은 뿌리
는 첫째, 나 자신에 대한 강력한 집착이다. 사람들은
모두 내가 잘 먹고 잘 사는 것을 우선순위에 두기 때
문에 헛된 유혹에 빠진다. 둘째, 지금 이 상태가 언제
나 영원히 지속될 것이라는 착각을 한다. 이러한 생
각들은 괴로운 결말을 초래할 뿐이다.

그래서 붓다는 사람들에게 자신에 대한 집착을
버리고, 이 모든 것이 영원하지 않고 변해간다는 법
칙을 명상하고 사색하게 하였다. 그러자 영원하지 않
은 인생은 어차피 죽음으로 끝날 텐데 열심히 살 필

요가 없다며 아무렇게나 살자는 어리석은 사람들이 생겨났다.

이에 붓다는, 내 젊음과 지금의 쾌락이 영원할 것이라고 믿는 이도 어리석지만 지독한 허무주의에 빠져 내게 주어진 삶의 의무마저 버리는 이는 더 어리석은 자라고 훈계했다.

병이 나면 약을 먹어야 한다. 하지만 병을 낫게 해 준 귀중한 약이라고 해서 밥은 먹지 않고 운동도 하지 않고 규칙적인 생활도 내팽개친 채 오로지 약만 먹으면, 그 끝이 어떻게 될지는 말할 필요도 없을 것이다.

그래서 붓다는 깨달음을 얻은 후 자신이 알게 된 진리의 핵심은 '좋다-나쁘다, 영원하다-영원하지 않다' 등의 극단에 치우치지 않는 중도中道라고 선언했다.

081 결국 사람에게로 돌아가야 한다

수행으로 인한 깨달음의 최종 단계는 사람 사는 마을로 들어가 손을 내밀어 이웃의 손을 맞잡는 것일지니.

「십우도」

사찰에 가면 소가 그려진 벽화를 쉽게 볼 수 있다. 흔히 〈십우도十牛圖〉라고 알려진 이 그림들은 내 안에 본래 자리 잡고 있던 청정한 마음을 소에 비유하여, 깨달음을 추구해 나가는 과정을 10단계의 시와 그림으로 표현한 것이다.

소를 찾는 모습을 그린 〈심우도尋牛圖〉, 소를 키우는 모습을 그린 〈목우도牧牛圖〉는 북송 시대에 등장했고, 이후 남송 시대에 곽암廓庵 선사의 〈십우도〉가 등장했다.

〈십우도〉의 열 번째 그림은 수행의 완성 단계를 그린다. 이는 '입전수수入廛垂手'라고 하는데, 수행을 마친 이가 다시 중생들이 사는 저잣거리에 들어가 서로 손을 맞잡는다는 의미다.

즉, 열심히 수행하여 마음을 닦은 수행자가 다다르게 되는 것은 산속에 머물며 자신만의 행복을 추구하는 것도 아니고, 구름 타고 날아다니는 신통력을 가지게 되는 것도 아니다. 복잡다단한 세상 속으로 되돌아와 여전히 행복의 진정한 의미를 몰라 괴로워하는 이들의 마음을 어루만져 주는 것, 그것이 바로 깨달음을 얻은 수행자가 해야 할 일이다.

현대적인 의미에서 해석하자면, 꼭 번화한 거리로 나가라는 의미라기보다는 늘 세상과 소통해야 한다는 뜻에 가까울 것이다. 세상 사람들은 괴로워 울부짖는데 나 혼자 산골에 앉아 도도한 학처럼 사는 것이 깨달음의 최종 목적이 아니라는 의미다. 진흙 속에 피어도 진흙이 묻지 않는 아름다운 연꽃처럼 복잡한 세상 속에 사람들과 함께 있되 더러워지지 않는 것, 그것이 마음을 닦은 자들이 머물러야 할 최종 목적지이다.

무소의 뿔처럼 혼자서 가라

082 틀린 게 아니라 다른 것이다

바람이 바위를 흔들 수 없듯이 지혜로운 이는 비난에도
칭찬에도 굳건하리라.

『법구경』〈현명한 이의 품〉

세계사적으로 고려나 조선처럼 중앙집권화된 왕
조가 수백 년간 이어지는 사례는 굉장히 드물다. 중
국은 이민족과 한족들이 세운 많은 왕조가 짧은 시
간 존속하다 사라져갔고, 일본의 경우도 임진왜란을
일으킨 도요토미 히데요시가 일본을 통일한 것이 겨
우 16세기 말의 일이었다. 유럽에서도 통일된 이탈리
아나 독일의 출현은 19세기에나 이루어졌다.

그런데 우리나라는 한반도라는 이동이 제약된
공간 안에서 중앙집권화된 체제를 바탕으로 긴 시간
동안 동일한 언어와 문화를 형성하며 살아왔다. 이
로 인해 다양성보다는 동일성이 중시되었고, '그것
과 이것은 달라.'와 '그것과 이것은 틀려.'라는 말을
같은 의미로 사용하는 사고 구조가 만들어졌다.

지난 수십 년간 한반도 이남에서 이루어진 도시 집중화는 인구의 밀집과 더불어, 어떤 유행이 생기면 급속도로 퍼지는 환경을 만들었다. 그로 인해 모두가 하나의 유행, 하나의 꿈, 하나의 목표만을 좇게 되었다. 남들과 같지 않으면 틀린 삶으로 취급되기 때문에, 한국인들은 남들과 자신을 비교하며 늘 틀리지 않기 위해서 애썼다.

그래서 한국에는 같은 나이에 같은 일을 해야 한다는 '적령기'라는 독특한 언어가 존재한다. 취학, 취업, 결혼, 출산의 '적령기'에 그 일을 하지 않으면 가차 없이 틀린 삶으로 간주된다. 틀린 삶은 곧 옳지 않은 삶이었기에, 그런 이들에게 '가르치려 드는 것'도 이상한 일이 아니다. 나는 옳은 삶을 살고 있으니, 옳지 않은 삶을 살고 있는 이들을 지적하는 것 또한 정당하기 때문이었다. 또 한 가지, 그러한 가르침은 꼭 '정情'이라는 말로 포장된다. 하지만 단호하게 말하지만, 그것이야말로 '틀린' 생각이다.

083 대화란
설명하는 것이 아니다

머리가 희다 하여 어른이 아니다. 지혜롭지 못하게 나이만
들었다면 그저 어리석은 늙은이라 불릴 뿐이다.

『법구경』〈진리에 발 딛고 있는 이의 품〉

젊은 세대들은 왜 회식을 싫어할까? 분위기 좋
은 식당에서 맛있는 음식을 먹으며 좋은 사람들과
대화를 나누는 건 세대를 불문하고 분명 즐거운 일
일 텐데 말이다. 그렇다면, 여기서 떠올려 볼 수 있는
이유는 다음과 같을 것이다. 식당이 별로거나, 음식
이 별로거나, 아니면 사람이 별로거나.

사실 가장 큰 이유는 아마 사람 때문일 것이다.
선배나 상사, 혹은 연장자라 불리는 이들은 늘 설명
과 대화를 착각한다. 상대의 관심사와는 전혀 상관
없는 일방적 이야기를 설명문의 형식으로 가르치려
든다.

대화란 서로 간의 공통된 관심사를 주고받는 것

6장 무소의 뿔처럼 혼자서 가라

이 기본이다. 그런 만남이라면 다음을 기약하고 싶어지고, 그런 관계는 오래 지속될 수 있다. 그러나 상대의 마음은 아랑곳하지 않고 자기만의 이야기를 끝없이 늘어놓는 것은 어른으로서의 경륜과 지혜를 보여주기보단 지독한 자만심만을 드러내기 마련이다. 그건 어른이 아니라 그저 어리석은 늙은이, 혹은 '꼰대'일 뿐이다.

대화와 설명을 착각하지 말자. 일방적으로 떠드는 말은 필연적으로 상대방을 멀어지게 만들 뿐이다.[9]

무소의 뿔처럼
혼자서 가라

> 사람들과의 모임에 빠져 있는 이는 잠깐의 평안도 얻기가
> 어려우니 현명한 이의 가르침대로 코뿔소의 뿔처럼 혼자
> 서 가라.
>
> 『숫타니파타』「코뿔소 뿔의 경전」

한국 사회 가구 구성에 관한 어떤 연구에서는,
1980년의 1인 가구 비중은 4.5%에 불과하나, 15년
뒤인 1995년에는 약 13%, 2005년에는 20%, 2015년
에는 약 27%, 2025년에는 무려 31%를 차지할 것
으로 예상했다.[10] 그런데 실제 통계청 자료에 의하
면 2020년 대한민국의 1인 가구는 전체 가구 중 약
32%로 기존 예측 대비 5년 이상 빠른 수준을 보였
다.[11]

이제 세 집 중 한 집은 1인 가구다. 혼자 사는 삶,
소위 '혼산'은 어디서나 만날 수 있는 흔한 삶의 형태
가 되었다. 그래서 혼산, 혼밥, 혼술 등등, '혼'이라는
말이 일상의 많은 영역을 정의하는 접두사로 붙으면

서 기존과 달라진 삶의 패러다임을 반영하고 있다. TV에서는 혼자 사는 연예인이 '나 혼자 산다'를 외치며 광고주들을 불러 모은다.

그런데 이러한 프로그램이 진짜 '혼자 사는 삶'을 반영하는 것일까? 프로그램의 패널은 24시간 관찰 카메라로 '나 혼자 사는' 주인을 지켜보며 웃고 떠든다. 방송의 재미를 더하기 위한 설정이기는 하나, 결국 지금의 '혼산'은 삶의 형태만 혼자일 뿐, 결국 남이 나를 알아주고, 남들의 화젯거리가 되고 싶은 욕망을 반영하는 것은 아닐까?

혼자 있고 싶지만 외로운 건 싫은, SNS를 통해 누군가와 늘 연결되어 있고 싶은 역설적인 상태를 이 프로그램이 상징적으로 보여 주고 있는 것은 아닐까?

밖을 향한 보여 주기에 마음이 쏠린 '혼산'은 고요와 평온을 음미할 수 없게 한다. 이제 내 안으로 시선을 돌려 보자. 사람 속에 부대낄 때는 알 수 없던 코뿔소의 뿔처럼 당당한 혼산이 보일 것이다.

085 지혜로운 사람은 어리석음을 인정한다

어리석은 자가 어리석다 생각하면 가장 지혜로워지고, 어
리석은 자가 지혜롭다 생각하면 가장 어리석어진다.

『법구경』〈어리석은 이의 품〉

'꼰대'는 원래 권위주의에 찌든 기성세대를 비하
하는 말이었지만, 오늘날의 문화 트렌드에서 '꼰대'
는 나이를 불문하고 권위 의식과 자만심에 찌든 이
들을 일컫는 단어가 되었다. 생물학적 나이가 아무
리 젊더라도 앞뒤가 꽉 막힌 사고방식을 가진 이들을
우리는 '젊은 꼰대', 또는 이를 줄여 '젊꼰'이라고 부
른다.

이런 사람들이 갖는 매우 강력한 신념이 있다. 그
것은 바로 남들은 잘못된 판단과 관념에 사로잡혀
있지만 자신만은 그렇지 않다는 것이다. 그래서 그들
은 언제나 "나는 권위적이지 않고, 남의 말을 잘 들
어주며, 소통을 잘한다."라고 이야기한다. 이렇게 자

6장 무소의 뿔처럼 혼자서 가라

화자찬이 습관화되어 있는 사람과는 대화가 불가능하다. 자기 자신이 가장 대단하고 현명하고 지혜로운데, 어찌 다른 이들의 말이 귀에 들어오겠는가.

어리석은 자가 본인을 지혜롭다고 여기면 가장 어리석은 자가 될 뿐인 이유가 바로 여기에 있다. 본인의 부족함을 알고 그것을 인정하는 사람만이 다른 이들의 의견에 귀를 기울이며, 포용하고 받아들일 수 있는 여유를 갖게 된다. 본인이 어리석다고 생각하는 사람이 역설적으로 누구보다 지혜로운 사람이 될 수 있는 것이다.

086 서는 곳이 달라지면 풍경도 달라진다

말이 많다고 지혜로운 이가 아니다. 작은 가르침에도 귀
기울이고 실천하는 자, 그를 지혜로운 이라고 부른다.

『법구경』〈진리에 발 딛고 있는 이의 품〉

90년대 초반, 사회는 남의 눈치를 보지 않고 자
기 하고 싶은 대로 하는 새로운 세대를 신세대, 혹은
X세대라 칭했다. 당시의 기성세대들은 이들을 이렇
게 평가했다. 'X세대는 우리와 달라 예의가 없다. 그
들의 생각을 이해하기조차 어렵다.' 그러면서 '우리
야말로 X세대와 선배 세대 사이에 끼인 낀 세대야.'
라며 '신세 한탄'을 했다.

재미있게도 X세대들이 나이를 먹고 직장의 관리
자급이 된 지금, 그들 역시 지금의 20~30대를 MZ세
대라 명하며 '남의 눈치를 보지 않는다. 제 하고 싶은
대로 산다. 예의가 없다.'라며 단군 이래 없었던 신인
류가 출연한 양 호들갑을 떨고 있다. 그리고 자신들

이야말로 MZ세대와 선배 세대 사이에 끼인 긴 세대라며 신세 한탄을 한다. 새로운 문화를 주도하던 과거의 X세대는 어찌하여 긴 세대와 '꼰대'가 되어 버린 것일까?

이것은 단순히 상대적인 입장의 차이일 뿐이다. 그때의 신입 사원은 지금의 관리자급이 되었고, 그때의 철없던 자식들은 지금의 부모가 되었다. 직장이나 사회의 위치가 달라지면 할 일이 달라지고, 세상을 바라보는 시선과 생각도 달라질 수밖에 없다. 내가 왼쪽으로 가면 갈수록 모든 것은 오른쪽으로 보이고 내가 오른쪽으로 가면 갈수록 모든 것이 왼쪽으로 보이는 것과 같은 이치다. 따라서 젊은 세대는 기성세대의 시선에서는 늘 다르게 보일 수밖에 없다. 이것은 다른 것일 뿐, 틀린 것이 아니다.

그러니 설명을 통해 가르치려고만 하지 말고 귀기울여 소통하려 노력해 보자. 그러한 자세야말로 기성세대, 긴 세대가 아닌 지혜로운 세대가 되게 해줄 것이다.

087 콤플렉스 있는 사람이 타인을 무시한다

자신을 칭송하고 타인을 경멸하며 교만에 빠진 자가 있다면, 그가 바로 가장 비천한 사람이다.

『숫타니파타』「비천한 사람에 관한 경전」

붓다는 우리를 가장 괴롭히는 마음을 탐욕이라고 말했다. 일반적으로 탐욕이라고 하면 내가 갖고 있지 않은 어떤 대상물을 취하고 싶어하는 이미지를 떠올리기 쉽다. 하지만 탐욕의 가장 강력한 대상은 나와 나 자신에 대한 집착인 '만심慢心', 즉 자만심이 그 본질이다.

언제부턴가 우리 사회에 대두된 문제 중 하나인 '갑질' 또한 만심이 커져서 발생한 것이다. 갑질을 하는 사람들의 마음을 깊이 들여다보면 자기 자신에게 삶의 가치를 두지 않고, 누군가와의 비교를 통해 인정받고자 하는 만심이 존재한다.

만심이 가득한 사람은 늘 타인과 자신을 습관적

6장 무소의 뿔처럼 혼자서 가라

으로 비교한다. 언제나 비교의 안테나를 곤두세우고 있다가 자신보다 더 잘났다고 생각하는 사람을 만나면 콤플렉스를 느낀다. 그 콤플렉스는 자기보다 부족하다고 판단되는 사람을 만나면 곧바로 그를 내리누르고 싶은 충동, 즉 갑질로 바뀌게 된다.

다시 말해서 누군가에게 갑질을 일삼는 사람은 자신이 그보다 우위에 있다는 사실을 어떻게든 증명해 내고자 애쓰는 콤플렉스 덩어리인 것이다. 본인은 자신의 우위를 증명하고자 하는 것이지만, 실제로는 본인의 콤플렉스만 드러내고 있는 꼴이다.

그러니 누군가가 당신에게 갑질을 한다면 결코 위축되지 말자. 본래 약한 동물일수록 더욱 거세게 짖는 법이다.

088 이래라저래라 하는 말에
신경 쓰지 마라

어리석은 이는 작고 사소한 일도 모두 자신의 뜻대로 되어
야 한다고 생각한다. 그런 이에겐 욕망과 자만만이 가득할
뿐이다.

『법구경』〈어리석은 이의 품〉

명절 증후군이라는 말은 처음엔 차례 준비로 힘
들어하던 며느리들만의 이야기였다. 그러나 조금 더
지나서는 대입을 앞둔 수험생, 취업 준비생, 그리고
'결혼 적령기'에 있는 미혼들 모두 명절 증후군을 호
소하고 있다.

이들이 정신적 스트레스를 받는 까닭은 소위 집
안 어른들 때문이다. 그들은 조카나 친척 동생 등, 소
위 손아랫사람에게 어느 대학에 갈 것인지, 취업 준
비는 잘 되어가는지, 왜 결혼을 하지 않는지, 자녀 계
획은 어떻게 되는지 물으며 오지랖을 부린다.

그 사람의 상황에 대해 아는 사실이 전혀 없고
진지한 고민을 해 본 적이 없는데도 대학 진학, 학과

선택에 대해서 전문가인 양 일장 연설을 늘어놓고, 놀지 말고 취업을 하라고, 아무나 만나 빨리 결혼하라고 잔소리한다.

그것은 애정 어린 조언도, 충고도 아니다. 그저 자신이 살아온 삶만이 옳다고 생각하는 자만심 가득한 태도다. 이들은 세상의 모든 사람들이 자신의 뜻대로 움직여야 한다고 생각하며, 조금이라도 이해되지 않는 인생은 모두 잘못된 것이라 치부한다.

세상일이란 내 계획대로 하고 살기도 쉽지 않다. 그것이 인생이다. 그러니 내 인생에 이래라저래라 오지랖을 부리는 누군가를 만나거든 열 받지 말자. 철 없는 아이의 말에 열을 낼 필요 없듯이, 소위 '오지라퍼'들은 그저 지독한 욕망과 자만을 못 버린 사람이라 생각하고 오히려 연민을 가지자.

089 내가 한 말은
언젠가 내게 다시 돌아온다

말로써 폭력을 행하지 말라. 들은 이는 잊지 않고 그대로
돌려줄 것이다.　　　　　　　　　　『법구경』〈폭력에 관한 품〉

　　어떤 모임이나 회의에 참석했을 때 겪게 되는 가
장 놀라운 일 중 하나는, '농담'이라며 이루어지는 미
혼자들을 향한 언어폭력이다.

　　모임에 참석한 미혼 남녀를 보고 "두 사람 아주
잘 어울리는데?"라고 농담을 던지는가 하면, 친구들
사이에서도 "둘 다 싱글인데, 사귀어 보는 건 어때?"
라고 면전에서 난감한 질문을 건넨다. 농담처럼 던진
말에 화를 내기도 어려우니, 그 말을 들은 이들은 멋
쩍게 웃어 넘기거나 '내겐 너무 과분하다.'라며 하지
않아도 될 소리를 해야 한다.

　　당사자들이 사람을 소개해 달라고 부탁한 것도
아니고, 연애를 하지 않아 외롭다고 하소연한 것도
아닌데, 왜 스스로 큐피드를 자처하는 것일까? 원치

않은 사람을 성적으로 얽는 것 또한 분명한 인권 침해라는 사실을 알아야 한다.

또한 어떤 사람들은 자주 연인이 없는 사람에게 "눈을 낮춰라. 눈이 너무 높다."라며 농담처럼 이야기한다. 그런 말을 하는 사람에게 나는 이렇게 되묻곤 한다. 당신의 배우자는 눈이 낮은가, 높은가? 그 말을 들은 이들은 대부분 기분 나쁜 표정을 짓는다. 그러면 나는 웃으면서 말한다. '농담'이라고.

자신은 농담에 언짢아하면서 남에게는 왜 농담처럼 받아들이라고 하는가? 말이라는 것은 의도하지 않아도 누군가를 상처 입힐 때가 많다. 선의를 가졌어도 조심해야 하는 것이 말인데 농담이라니! 그래서 붓다는 우리가 하는 나쁜 행동 중 3분의 1은 입에서 나오는 것이라고 했다.

말을 할 때는 늘 경계해야 한다. 그렇지 않으면 그 말은 독화살이 되어 나에게 되돌아오게 되어 있다.

090 남에게 관심이 많으면 인생이 불행하다

말이 없다고 비난하고, 말이 많다고 비난하고, 적당히 말을
한다고 비난하니, 이 세상 누가 비난받지 않을 수 있을까.

『법구경』〈분노의 품〉

어느 집단에나 친구나 이웃에게 비판과 지적을
일삼는 사람들이 있다. 이들은 시대의 발전과 더불
어, 가까운 지인뿐만 아니라 이 세상 모든 일을 지적
하는 소위 '방구석 워리어'로 진화하고 말았다.

어떤 미혼 연예인의 연애 장면이 포착되면 상대
의 외모가 어떠하다는 둥 또 애인이 바뀌었다는 둥
공격을 퍼붓는다. 고가 브랜드의 옷을 입은 연예인
을 발견하면 허영이 심하다고 욕한다. 미혼 남녀가 연
애를 하든, 이혼한 사람이 재혼을 하든, 정당하게 돈
을 벌어 그 돈을 어디에 쓰든 그게 왜 문제가 되는 것
일까?

물론 방구석 워리어들 역시 사람이라면 누군가

와 사랑하고 연애하는 것이 당연하다는 사실을 모를 리 없다. 이혼하는 사람이 적지 않다는 사실도 잘 알고 있을 것이며, 본인 또한 값비싼 제품 한두 개 정도는 가지고 있을 것이다. 그럼에도 이들은 유명인들에게 성인군자 수준의 높은 도덕적 잣대를 들이댄다. 그러니 웬만한 행동거지는 모두 비난과 지적의 대상이 될 수밖에 없다.

또한 어떤 사회적 이슈가 생기면 사실관계 확인은 뒷전이고, 관련자로 추정되는 사람들의 신상을 털고 댓글로 비난을 조장한다. 찬반 논란은 있지만 확정판결을 받은 범죄자의 신상도 제한적으로 공개되는 판에, 온라인에 이슈가 되는 이들의 신상을 털고 공개하는 일은 대단한 능력인 것처럼 간주된다.

이것은 매우 심각하고 무서운 일이다. 그 대상이 된 사람은 극단적 선택을 하는 경우도 드물지 않기 때문이다. 더욱 안타까운 일은 대단한 범죄라도 저지른 것처럼 시끄러웠던 일들이 시간 지나 되돌아보면 별것 아닌 일이었던 경우가 많다는 것이다. 꼭 그렇게

까지 해야 할 필요가 있었는지 의문이 들기도 한다.

붓다의 통찰에 의하면 이렇게 지적과 비난을 일삼는 사람들의 마음에는 분노가 가득하다. 자신은 합리적 이유로 건전한 비판을 한다고 생각하지만, 사실 내 안에 쌓인 화를 애먼 타인에게 쏟아내는 중인 것이다. 따라서 내 안에서 습관처럼 또 누군가를 비난하려는 마음이 들 때면 내 안에 분노가 쌓인 것은 아닌지 먼저 의심하자. 그리고 그 분노의 불꽃은 비난으로 꺼지지 않음을 알아야 한다. 그래야 나와 남을 파멸로 이끄는 비난을 멈출 수 있다.

091 너무 좋아하지도,
너무 미워하지도 말라

맹목적인 비난도 옳지 않지만, 아무리 위대한 스승의 말
이라도 의심하고 또 의심해야 한다.

『디가니까야』「거룩한 열반의 경전」

권위가 있다거나 유명하거나, 혹은 그런 사람들
과 친하다는 누군가의 말을 들으면 우리의 합리성은
마비된다. 근거 없는 믿음과 신념이 진리로 둔갑하
고, 팩트는 사라진다. 진실은 편향된 확증 아래 이리
저리 짜깁기된다. 무비판적인 받아들임은 세상을 단
순히 반으로 갈라 '완전히 옳은 나'와 '그렇지 않은
상대'로 구분시킨다.

붓다는 세상의 견해에 열광적인 찬성도 무조건
적인 비난도 하지 말라고 했다. 그 말들이 상식에 부
합하는지 견주어 보는 것이 먼저라는 것이다. 그렇다
면 상식이란 무엇일까?

누군가가 아주 쉽게 돈 버는 방법을 '당신에게

만' 알려 준다고 하면, 혹은 당신이 처한 문제를 '한 방'에 해결할 수 있는 비결을 소개해 주겠다고 하면, 그 말을 받아들이기 전에 이런 생각을 먼저 하는 것이 옳다. 나를 낳아 준 부모도 아닌데, 왜 나에게 이런 정보를 알려 주는 것일까?

조금만 생각해 보면 상식적인 일인데도, 감언이설에 쉽게 속아 넘어가는 이들이 많다. 그것은 내 안에 자리 잡고 있는 욕심 때문이다. 요컨대 나의 마음을 들여다보고, 작동하는 방식을 연구해야만 하는 까닭은 단순히 평온한 마음을 가지기 위함만은 아니다. 나를 지키기 위함이다.

나의 욕망을 바로 알고 그것을 관리할 줄 아는 사람만이 헛된 말에 쉽게 휘둘리지 않으며, 뻔히 보이는 함정에 스스로 발을 들이밀지 않을 수 있다.

092 자만심의 거미줄에서 벗어나라

> 거미가 스스로 만든 그물만을 따라다니듯 탐욕에 사로잡
> 힌 이들은 스스로 만든 욕망만을 따라다닌다.
>
> 『법구경』〈갈애의 품〉

애플의 전 CEO 故 스티브 잡스가 사회와 문화 변동의 거대한 아이콘인 스마트폰을 세상에 내놓은 이후, 우리는 손바닥 위의 스마트폰을 통해 또 다른 세상에 살 수 있게 되었다. 그 가상공간에서 살아가는 '나'는 현실의 나와 다르지 않지만 같지도 않은, 내가 변화한 또 다른 나, 바로 나의 화신인 '아바타'다.

아바타는 고대 인도어로 '천상의 위대한 존재가 인간을 위해 땅 위에 특정한 모습으로 강림함'을 뜻한다. 현실의 내가 아바타라는 가상의 육체를 통해 온라인 세상에 등장하는 것과 유사하다. 아바타 인류는 MZ세대나 2030세대만을 뜻하지 않는다. 싫든 좋든 24시간 정보의 바다에 접속하는 오늘을 사는 모든 이들이 아바타 인류에 속한다.

이제 아바타는 현실의 내가 살아가는 이유가 되었다. 나의 아바타에게 쏟아지는 '좋아요'와 조회수는 현실 속 나의 뇌에 도파민을 분출하고 쾌락의 수치를 올린다.

문제는, 그 효과가 오래 지속되지 않는다는 점이다. 그래서 아바타 인류는 쾌락을 얻기 위한 행동을 반복한다. 평범한 일상을 특별한 것처럼 꾸며 SNS에 업로드하고, 게시물에 대한 타인의 반응에 집착한다. 이를 위해 때로는 위험한 해안 절벽에서 사진을 찍고, 고층 빌딩을 허락 없이 올라가다가 불운한 사고를 당하기도 한다. 혹은 누군가 사고를 당해 도움이 필요한 상황에서도 영상을 찍기 위해 스마트폰부터 꺼낸다.

나를 드러내고 싶은 마음, 즉 자만심이 쳐놓은 끈끈한 거미줄에서 벗어나야 한다. 그렇지 않으면 가상의 내가 현실의 나를 지배하고 만다. 명심하라. 아바타는 결코 내가 될 수 없다.

6장 무소의 뿔처럼 혼자서 가라

093 세상의 기준에
나를 맞추지 마라

'이것이 무엇이다.', '저것이 무엇이다.'라는 이름을 붙이면
그 이름이 모든 것을 지배해 버린다.

『상윳따 니까야』「이름에 관한 경전」

'지금 현재를 즐기라.'라는 뜻의 라틴어 카르페
디엠Carpe diem은 1989년 개봉한 영화 〈죽은 시인의
사회〉를 통해 유명해졌다. 욜로YOLO, You Only Live Once
는 2011년 드레이크의 곡 〈The Motto〉에서 시작되
어 유행으로 번진 단어로, 한 번뿐인 인생을 즐기자
는 의미로 퍼지게 되었다.

그리고 1980년 이후 더욱 활발해진 여성의 경제
활동 참여로 부부 각각의 일과 수입, 아이를 갖지 않
는 새로운 가족 형태를 강조하는 딩크DINK, Double
Income, No Kids가 사회 트렌드를 나타내는 말로 유행
하였다. 그런데 또 요즘은 절약과 딱 필요한 소비 하
나만 강조하는 요노 YONO, You Only Need One가 출현했

다. 욜로, 딩크, 요노에는 '족族'이 붙어 그러한 삶을 사는 사람들을 집단으로 칭한다.

하지만 얼마나 많은 사람들이 저 이니셜의 뜻을 알고 있으며, 얼마나 많은 사람들이 자기 자신이 그중 어떤 '~족'에 속한다는 정체성을 갖고 있을까? 어쩌면 소수만이 지향하게 되었을지 모를 작은 변화가 마치 현재의 대세인 것처럼 보이는 이유는 무엇일까? 바로 '언론'에 있다. 기업의 광고로 운영되는 대다수의 언론이 트렌드를 만들고, 그 기업의 상품을 소비하도록 만들기 때문이다. 새로운 트렌드에 올라타지 못하면 마치 시대를 쫓아가지 못하는 낙오자처럼 보인다. 그리고 그 트렌드를 내가 향유하고 있다는 가장 확실한 징표는 욜로에 맞는, 딩크에 맞는, 요노에 맞는 상품을 소비하는 것이다.

오늘도 내 손 위의 SNS는 '그렇게 사는 것이 바로 카르페 디엠이다.'라며 우리의 욕망을 헛되이 자극하고 유혹한다.

094 사람은 한 단어로 요약할 수 없다

> 욕망에서 벗어난 이는 탐욕에서 허물을 보고, 성냄을 벗
> 어난 이는 분노를 싫어하고, 어둠에서 떠난 이는 어리석음
> 을 부끄러워하리라.
>
> 『청정도론』

언제부터인가 2030세대들 사이에서 사람을 처음 만나거나 친구를 사귈 때 MBTI가 자기소개를 대신하게 되었다. 성격을 쉽고 빠르게 파악하기 위한 방법으로 자리 잡은 것이다. 물론 이를 절대적으로 믿지는 않는다고 하지만 I는 내향적 성격을, E는 외향적 성격을 대표하는 이니셜로 쓰이게 되었다. 심지어 '나는 ENFP라서 ISTJ와는 잘 안 맞아.' 등등 MBTI의 용어는 일상적으로 퍼져 있어 무시할 수 없는 문화 현상으로 자리 잡았다.

그런데 부부나 가족으로 오랫동안 함께 살며 여러 상황을 공유한 경우가 아니라면 사람의 성격은 겉으로 드러난 한두 가지 특징만으로 파악하기 어렵다. 가장 흔한 오해 중 하나로, 누군가 자기 생각을 드러내면 외향적이고, 그 반대의 경우 내향적이라고 판단한다. 하지만 평소 의견을 잘 드러내는 사람이라도 어떤 일이 처리되는 과정에 초점을 두고 의견을 드러내지 않는 경우가 있다. 반면에 의견을 잘 드러내지 않던 사람도 과정보다는 결과가 받아들일 만한가 아닌가에 초점을 두고 의견을 드러내는 사람이 있다. 따라서 단순히 의견을 드러내느냐 아니냐에 따라 외향과 내향을 판단할 수 없다는 것이다.

그래서 붓다는 사람의 성격을 판단할 때 그가 대상에 얼마만큼의 애착을 가지는가, 어떤 일에 얼마만큼 화를 내는가, 그리고 무엇이든 얼마만큼 알려고 노력하는가의 3가지 기준을 가지고 오랫동안 관찰하였다.

사람의 성격이란 그만큼 복잡하기 때문에 우리가 누군가를 쉽고 간단하게 '무슨 형', '무슨 형'으로 판단해서는 안 된다. 그러한 선입견을 한 번 가져 버리면 바꾸기가 좀처럼 쉽지 않기 때문이다.

095 인간의 욕망은 끊임없이 타오른다

뿌리가 튼튼한 나무가 잘렸다가 다시 자라듯 갈애渴愛의
뿌리도 뽑히지 않으면 고통은 언제든 다시 일어나리라.

『법구경』〈갈애의 품〉

인공지능의 선구자인 마빈 민스키는 1967년에
인공지능의 문제를 한 세대 안에 보완하고 해결할 수
있을 것이라고 예측했고, 2002년 미래학자 레이 커
즈와일은 2029년까지 인공지능이 인간의 지능을 능
가할 것이라고 했다. 하지만 오늘을 살아가는 사람들
이 이들의 예견에 과연 고개를 끄덕일까?

2016년 IBM이 야심 차게 설계한 인공지능 의사
'왓슨Watson'은 20조 원의 자금 투자가 무색하게 실
패로 돌아갔다. 2017년, 자율주행차를 연구한 구글
의 자회사 웨이모 역시 곧바로 자율주행의 시대가 열
릴 것처럼 이야기했으나, 여전히 그 길은 멀리 있다.
인공지능을 인간 뇌처럼 만들려는 노력은 더욱더 어

려운 과제다. 사람의 뇌조차도 미개척된 영역이 무궁무진한데, 어떻게 완벽한 뇌를 인공적으로 구현할 수 있겠는가.

그런데도 매스미디어는 아주 작은 기술만 출현해도 마치 내일이면 전 세계인들이 그 기술의 세례 속에 살아갈 것처럼 대서특필한다. 그래서 그 기술을 모르면 '미개인'이 되는 듯한 분위기를 만든다. 그 흐름 속에서 인문학자들은 자신의 분야와 AI를 억지로 연결시키려 애쓴다. 인간과 닮은 사이보그가 이 세상을 지배하는 미래를 걱정하고, 그러한 기계 인간들이 자아를 가질 수 있는지에 대해서도 진지하게 논의한다.

오늘날 일어나는 이러한 현실과 기대의 혼동에 관해 뉴욕대학교의 게리 마커스는《2029 기계가 멈추는 날》에서 '14세기에 하는 교통사고 걱정'이라고 풍자한다. 그리고 그는 14세기에는 교통사고 걱정보다 공중보건에 힘쓰는 편이 사람들에게 더욱 도움이 되지 않느냐고 반문한다. 과학기술의 발전을 부정하는 것이 아니라 현실을 정확히 인식하자는 의미이다.

물론 미래에 어떤 일이 일어날지는 아무도 모른다. 그러나 붓다의 가르침에 의하면 우리가 진정으로 신경 써야 할 것은 따로 있다. 붓다가 살던 시대이든, 14세기이든, 사람을 능가하는 AI가 출현한 미래이든 우리의 욕망이 변함없이 타오른다는 것이다.

그 어떤 편리한 기술이 발명된다고 하여도, 욕망의 불꽃을 현명하게 다루지 못한다면 과학기술은 우리의 행복을 보장할 수 없다. 오히려 욕망의 도구가 되어 버린 AI는 인류를 더 큰 불행의 굴레로 밀어 넣을지 모른다.[12]

096 최고의 여행은
내 마음을 찾는 여행이다

갈망에 사로잡힌 이들은 덫에 걸린 토끼와 같이 펄떡거리
는구나.

『법구경』〈갈애의 품〉

저명한 사회학자 에바 일루즈는 "이상적인 낭만
의 순간은 일과 사무로 구성되는 도시 세계와 상징적
으로 단절된 이국적인 섬, 바닷가, 울창한 숲, 고요한
호수에서 발생한다."라고 지적한 후, "전원적인 유토
피아는 19세기 미국의 주류 예술가와 철학자가, 산업
화되고 부패한 도시와 대비하기 위해 그려낸 이상향
일 뿐"이라고 한다.[13]

낭만적인 풍경이라고 하면 무엇이 가장 먼저 떠
오르는가? 저녁놀이 불타오르는 이국적인 해변을 여
유롭게 거니는 연인의 모습이 떠오르지 않는가? 이
것이 우리가 SNS에서 가장 익숙하게 발견하는 낭만
의 풍경이다. 그런데 여행은 근대사회가 고안한 가장
고비용 상품이다. 그렇지만 현대인은 '먼 곳에의 그

리움'을 타고났고, 고비용 여행을 소비해야만 나 자신을 만날 수 있을 것처럼 세뇌되었다.

그래서 오늘도 손바닥 위 스마트폰을 통해 일단 한 번 '소비'해 보라는 "Just do it!"을 실천한다. "매일 이 생의 마지막 날인 것처럼 살라Live each day as if it were your last."는 마치 오늘이 마지막 날인 것처럼 열심히, 최선을 다해 '여행'하라는 말로 보인다.

물론 일상을 벗어난 휴식은 필요하다. 하지만 내면의 평온을 얻지 못하면 이 세상 어디를 여행해도 참된 평온은 찾을 수 없다. 그래서 우리는 작년처럼 올해도, 그리고 내년, 또 그 내년에도 늘 비싼 대가를 치르며 SNS 속 이미지와는 다르게 인파와 쓰레기로 넘쳐나는 여행지를 찾아 떠돌 것이다. 마치 덫에 사로잡힌 불쌍한 토끼처럼, 자본주의의 소비문화에 사로잡힌 채 말이다. 이는 모두 내 안의 갈망을 없애지 못했기 때문이다.

097 편견은
서로를 다치게 한다

코끼리의 귀를 만져 본 눈먼 이는 코끼리는 바구니와 같다
하고, 상아를 만져 본 눈먼 이는 코끼리는 쟁기와 같다 하
면서 결국 서로가 옳다고 주먹다짐을 하는구나.

『우다나』「여러 이교도에 관한 경전」

지방이 고향인 소위 '지방러'로서 처음 서울에
'올라'왔을 때 주위 '서울러'들이 비교적 생소한 나의
출신 지명을 듣고는 대부분 "넓은 벌 동쪽 끝으로 실
개천이 휘돌아 나가고, 얼룩배기 황소가 금빛 게으른
울음을 우는 곳"으로 상상한다는 것을 알게 되었다.
내 고향은 지방 소도시이지만 사실 나와 주위 친구
들의 부모님은 농업에 종사하지 않아 아스팔트 위에
서 나고 자랐고, 아파트에 살았다. 그런데도 서울러에
게 지방은 모두 산촌, 어촌, 농촌이라는 강한 편견이
작동하고 있었던 것이다.

2025년의 오늘날, 명절을 그리는 미디어의 시각

6장 무소의 뿔처럼 혼자서 가라

역시 서울러의 편견과 다르지 않다. 추석이면 포털 사이트나 TV에서는 휘영청 밝은 달 아래 커다란 박이 지붕 위에 열린 초가집 한 채를 대표적 이미지로 사용한다. 그리고 설날에는 얼음판 위에서 팽이를 치고 썰매를 타고 윷놀이하는 모습을 보여 준다. 물론 전통적 모습을 부각하려는 의도겠지만 고향은 모두 '깡촌'임을 전제로 한다.

우리 사회가 안고 있는 진정한 지역감정은 편견에 기반한 서울과 지방 사이에 존재한다. 그래서 지방 기업, 지방대, 지방 출신 등 '지방'이라는 이름표에는 강력한 편견이 들러붙어 있다. 이러한 편견 앞에 지방 대도시들 역시 '깡촌'으로 간주되어 속수무책으로 소멸의 길로 걸어가고 있다. 지방러는 서울의 일부 모습만을 보고 화려한 서울을 그리며 '서울로! 서울로!'를 외친다.

마치 코끼리의 한 부분만 만지고 코끼리를 그리는 눈먼 이들처럼, 편견은 결국 서울러와 지방러 모두에게 낮은 삶의 질을 안겨 줄 뿐이다.

098 변하지
않는 것은 없다

그 어떤 것이건 변하기 마련인 것을 두고 변하지 않고 영원하다고 보는 것은 옳은 견해가 아니다.

『상윳따 니까야』「소나에게 가르침을 전하는 경전」

이제는 세 가구 중 한 가구는 1인 가구인 시대가 되었다. 사촌은커녕 형제들도 자주 못 만나는 현실 앞에 오랜 세월 며느리를 힘들게 했던 명절과 제사는 가장 먼저 변화의 대상이 되고 있다.

명절은 오늘을 살아가는 우리들에게 어떤 의미가 있을까? '시집 간 딸'이라고 몇 년 동안 못 만나는 시대도 아니고, 농업 사회가 아닌 지금 추석을 통해 추수와 수확의 기쁨을 느끼는 이는 또 얼마나 될까? 회사나 관공서는 1월에 시작되고 학교는 3월에 개학하니 1월 말이나 2월에 있는 설날을 새로운 한 해의 시작이라고 여기기도 쉽지 않다. 또한 한국에는 신정과 구정이 있어 새해 인사를 두 번 하기도 한다.

이제 명절은 그저 긴 연휴의 의미가 더욱 강해졌다. 이를 뒷받침하듯 명절 뉴스에서 빠지지 않는 기사 중 하나는 해마다 '인천공항 이용객 최대 갱신' 소식이다. 코로나 사태로 해외에 나가지 못할 때도 고향에는 가지 않아도 국내 여행지는 터져 나갔다. 현실은 이렇게 너무 많이 변해 버렸다.

그런데도 여전히 명절에 고향과 시댁에 가네 마네를 두고 스트레스받아야 할 것인가? 여행을 떠나면서도 어정쩡한 죄책감 때문에 호텔 방에서 간단히 차례를 지냈다고 둘러댈 것인가?

억지로 모여서 차리는 음식 가짓수와 차례 예법이 그동안 가족 서로를 다치게 하는 갈등의 요소가 되었다면 그것은 명절이 아니다. 명절과 제사의 예법은 결국 가족의 기쁨이라는 근본 이익에 맞춰 변화시키면 그만이다. 변하지 않는 것은 없다.

099 잘못된 것을
바꾸지 않는다면

위험이 있음에도 위험을 보지 않는 이들은 괴로운 세상으
로 떨어질 뿐이다.   『법구경』〈지옥의 품〉

　우리의 수능 시험 날이면 일본의 주요 아침 방
송들은 "초학력 사회인 한국은 오늘 대학 입학시험
이…."라는 멘트로 수능 시험을 비중 있게 보도한다.
그리고 서울 특파원을 연결해 시험장에 늦어 경찰차
에서 내리는 수험생의 모습을 실시간으로 전해 준다.
특파원은 이 장면을 배경으로 수능 시험이 한국의
고3 학생들에게 이토록 중요하며, 그래서 공무원들
의 출근 시간 변경과 비행기의 이착륙 시간까지도 영
향을 받는다고 알려 준다.

　다시 일본 방송국으로 카메라를 돌리면 출연자
들은 놀란 표정으로 이에 대한 각자의 의견을 밝힌
다. 우리에게는 너무 익숙하지만, 대학 입학시험으로
인해 국가가 준전시 수준의 비상사태에 들어간다는

건 다른 문화권의 이들이 보기엔 생소한 일이다.

우리나라에 도입된 근대적 제도는 일제 식민지 시대에 강제로 이식된 것이 많다. 대학 교육과 입시 역시 그중 하나이므로 우리는 일본의 대입 시험이 훨씬 경쟁적일 것이라고 생각한다. 하지만 이는 큰 오해이다. 물론 명문 대학을 목표로 하는 학생들끼리는 경쟁이 치열하다. 이것은 전 세계 어디에나 있는 모습이다. 학력 차별이 적다는 유럽의 선진국에도 엘리트 교육과 이를 목표로 하는 수험생들은 존재한다. 단, 모든 학생들이 이것만을 목표로 하며 살지는 않는다.

일본 역시 모든 고3 학생이 꼭 4년제 명문대, 도쿄 시내 대학을 목표로 하지는 않는다. 자기 고향에 위치한 대학이나 2년제에 가거나, 대학을 가지 않고 다른 길을 찾아도 살아가는 데는 크게 문제가 되지 않는다. 즉, 명문 대학, 대기업이라는 이름표를 무시할 수는 없지만 우리나라만큼 중요하게 여기지 않는 관점의 차이가 분명히 존재한다. 그럼에도 일본은, 교육열이 뜨거운 우리와 달리, 1949년 첫 노벨 물리학

수상자를 배출한 이래 2024년까지 29명의 노벨상 수상자를 배출했다.

왜 이런 차이가 생겼을까? 우리의 대입은 유교 경전을 암기하면 부와 명예와 권력을 한 손에 쥐게 했던 과거시험을 계승했다. 따라서 대입은 신분 상승, 가문의 영광 등 천 년 동안 지속된 과거시험의 속성이 투영되어 있고, 그러한 관념은 오히려 과거시험보다 더 강화되었다. 조선 시대 말기, 신분 차별이 없어지고 해방 후 모든 국민에게 교육의 기회가 제공되면서 '나는 못 배워도, 대대로 물려받은 논밭을 다 팔아치워도, 내 목숨을 걸어도, 내 자식만큼은 공부시킨다.'라는 생각이 당시 부모 세대의 가장 큰 삶의 목표가 되었기 때문이다.

그 모습이 대입을 위해 고등학교, 중학교, 초등학교, 심지어 유치원생 때부터 입시에 유리한 학군을 찾아 국내외를 묻지 않고 이동하는 모습으로 변화되었을 뿐이다. 현대판 과거인 수능 날은 그래서 전 국민이 뛰어든 국가적 전쟁터가 되었으니, 준전시 상태가 되는 것이 어찌 보면 당연하다.

일본의 경우 우리와 같은 과거시험이 존재하지 않았고 중앙집권화가 약했던 탓에 각 지방마다 실무적인 인재를 뽑았었다. 19세기 중반 서구화와 개혁에 성공한 메이지 유신明治維新 이후 도쿄대학이 설립되면서 그때부터 국가적 차원에서 관료를 뽑는 과거시험이 만들어졌을 뿐이다. 따라서 그들의 대입은 과거시험을 계승해 천 년 동안 존속한 우리의 대입에 비하면 '갓난아이'에 불과하며, 사회 진출을 위한 여러 선택지 중 하나일 뿐이다.

붓다는, 잘못되고 위험천만한 일을 외면하는 삶이 다름 아닌 지옥이라고 경고했다. 하루 종일 어린 아이들을 학교와 학원의 책상에 앉혀놓는 것이야말로 지옥에 다름 아니다. 천 년도 더 된 제도가 어떤 부작용과 위험이 있는지 알면서도 바꾸지 않으면 우리는 계속해서 괴로운 세상에서 살아야만 한다.

돌아보면
다 아름답다

> 지나간 일들에 슬퍼하지 않고 아직 오지 않은 일들을 동
> 경하지 않으며 지금 이 순간을 살아가나니, 그래서 깨달
> 은 이의 얼굴은 환희에 빛난다.　『상윳따 니까야』「숲에 관한 경전」

　우리는 지나간 과거를 아름답게 회상한다. '그땐
그랬지.', '그때가 좋았지.'라는 아련한 문장들로 대변
되는 과거는 다시 돌아갈 수 없다는 아쉬움을 불러
일으킨다. 그런데 우리의 과거는 정말 아름다웠는가?
　우리나라는 지난 수십 년간 다시는 경험하지 못
할 고도성장을 거듭하였다. 그 달콤한 열매를 맛보던
시절의 향수는 〈응답하라 ○○○○〉이라는 유명한 드라
마 시리즈로도 소환되어, 그 시절을 겪었던 이들에게
는 추억을, 그 시절을 모르던 이들에게는 '잘나가던'
시절에 대한 상상을 자극한다. 그래서 인터넷 댓글
을 보면 마냥 '그 시절에는 꿈과 희망이 있었다.'라며
그때를 아름답게만 바라보는 시선들이 대부분이다.

하지만 그 시절 '고도성장'을 이룩하기 위해 임신한 여성 직원은 담배 연기 가득한 사무실에서 출산 직전까지 출근해야 했고, 출산 후 자기 책상이 다른 곳으로 치워지는 것이 두려워 바로 복직해야만 했다. 사실, 결혼과 동시에 대부분의 여성들은 일을 그만둬야만 했다.

'갑질'이라는 단어조차 없던 시절이라 윗사람에게 폭압적인 대우를 당해도 하소연할 곳이 없었고, 거기서 파생된 성차별적 발언과 부적절한 행동도 허다했다. 대학 입학은 4명 중 1명에게만 해당하는 이야기였기에 3명은 죽었다 깨어나도 고졸일 수밖에 없던 시절. 그래서 교실에서는 영화 〈친구〉가 보여 주듯, "너거 아버지 뭐하시노!" 수준의 인권 모독과 어른도 견디기 힘든 폭력이 대학을 보낸다는 목적 아래, 훈육과 사랑의 매라는 이름으로 학생들에게 가해졌다. 이 모습 또한 낭만적인가?

그러므로 당시 대졸자가 취업한 환경과, 수험생의 거의 모두가 대학에 갈 수 있는 지금의 대졸자를 단순 비교하여 '지금의 젊은이들에게 내일이 없다.' 라는 담론을 만들어내는 것도 지금이 특별히 더 어렵다는 오해를 줄 수 있다.

'단군 이래 경제가 좋았던 시절은 단 한 번도 없었다.'라는 오래된 농담이 보여 주듯, 어느 시대의 그 누구도 자신이 사는 시절이 태평성대임을 느끼며 만족하기란 쉽지 않다. 지나고 나서야 그 시절에 '그래도 지금보다 좋았던 시절'이라는 라벨을 붙였을 뿐이다. 지나고 보면 모두 행복해 보인다. 힘들다고 말하는 오늘도 내일 돌아보면 또다시 아름다움으로 채색되어 그리움의 대상이 될 것이다. 하다못해 오늘의 나는 내일의 나보다는 젊다는 이유라도 있기 때문이다.

오해는 말자. 무조건 지금의 불합리까지 만족하라는 의미가 아니다. 오늘의 불만을 이야기하기에 앞서 과거의 모습도 정확히 파악한 후 비교하자는 것이다. 몇 가지 이미지만으로 지금을 싫어하고 벗어나려한다면 괴로움만 더 커지기 때문이다.

부록

1 「거룩한 열반의 경전」

방대한 경전의 존재는 불교의 특징 중 하나로 손꼽힌다. 불교 경전은 시기와 사상 등의 기준으로 구분되는데 그중 붓다의 초기 가르침을 집대성한 것을 고대 인도어의 일종인 팔리어pāli로 '모음'을 의미하는 '니까야'라고 한다. 니까야는 가르침의 길이와 내용의 특징에 따라 다시 디가(가르침의 길이가 긴) 니까야, 맛지마(가르침의 길이가 중간) 니까야, 상윳따(가르침을 주제별로 정리) 니까야, 앙굿따라(가르침을 숫자별로 정리) 니까야, 쿳다카(그외의 모음) 니까야의 5부 니까야로 나뉜다. 따라서 각각의 『니까야』에는 다시 수십 개에서 이삼천 개의 작은 경전들이 수록되어 있다

불교에서 성자의 죽음은 소멸을 의미하는 '열반(니르바나)'이라고 한다. 이 경전은 『디가 니까야』에 수록된 「대반열반경」으로, '거룩한 열반의 경전'이라는 의미이다. 붓다가 열반에 들기 직전과 그 직후의 상황을 전한다.

2 「경덕전등록景德傳燈錄」, 남악과 마조의 대화

『경덕전등록』은 북송 경덕景德 원년 1004년에 도원 선사가 약 965인의 선사들의 전기를 기록한 책으로 선종의 계보를 밝히고 있다. 그중 남악과 마조의 대화는 남악 회양과 마조 도일의 대화를 기록하고 있다. 남악 회양(南岳懷讓, 677-744)은 중국 선종을 정착시킨 6조 혜능(六祖慧能大師, 638-713)을 사사하였으며, 당나라 강서 지역을 중심으로 남

종선을 중흥시킨 마조 도일(馬祖道一, 709~788)을 제자로 키웠다.

3 『금강경金剛經』

불교는 흔히 소승불교와 대승불교로 나뉜다. '대승', '소승'이라는 용어는 새로운 불교 운동의 기치를 들고 신불교 운동을 펼친 불교도가 자신들이 기존 불교도들보다 우위에 있음을 나타내기 위해 자신들을 '대승'이라고 부르고, 기존 불교를 '소승'이라고 부른 것이다. 따라서 가치 판단이 들어간 대승, 소승이라는 용어 대신 학계에서는 남아시아, 동남아시아 등 남쪽 지역 국가들의 소승불교 비율이 높은 것에서 착안해 소승불교는 남방불교, 같은 기준으로 대승불교를 북방불교라고 부른다. 『금강경』은 북방불교 사상의 토대가 되는 경전으로 중국은 물론 우리나라에서도 매우 중요하게 여기는 경전 중 하나이다.

4 『담마 상가니Dhammasangaṇi』

붓다의 말씀을 정리한 남방불교의 7가지 논서(해설서) 중 한 권으로 진리의 모음집이라는 의미이며, 한문 번역으로 『법집론法集論』이라고 한다.

5 라훌라

라훌라는 싯달타 태자가 출가하기 직전에 태어난 아들로 그 역시 속세의 아버지였던 붓다를 따라 출가했다. 『맛지마니까야』, 『상윳따니까야』에는 라훌라에게 가르침을 전하는 경전이 기록되어 있다.

6 밀린다왕의 물음에 관한 경전

아프가니스탄 및 인도 북부를 지배하던 그리스계 왕국의 메난드로스Menandros 1세(밀린다왕)가 나가세나 승려와의 대론을 통해 불교에 귀의한다는 내용을 담고 있다. '밀린다왕의 물음'이라는 의미의 『밀린다 팡하Milindapañha』가 원래 제목이며 한역으로 『밀린다왕문경Milinda, 王問經』 또는 『미란다왕문경彌蘭陀王問經』이라고도 한다.

7 『법구경法句經』

고대 인도어의 일종인 팔리어pāli로 진리를 의미하는 '담마Damma'와 말씀을 의미하는 '파다pada'가 합쳐진 『담마파다Dammapada』의 번역어이다. 중국에서는 담마를 법法으로, 파다를 구句라고 번역하여 동아시아 한문 불교권에서는 이것이 『법구경』으로 불린다. 불교 경전 중에서도 매우 이른 시기에 완성되어 붓다의 육성에 가장 가까운 경전으로 평가된다.

8 『보성론寶性論』

한문 번역본의 이름은 『구경일승보성론究竟一乘寶性論』으로, 줄여서 『보성론』이라고 한다. '보석과 같은 성품을 찾는 논서(해설서)'라는 의미로, '모든 중생이 붓다처럼 보석 같은 성품을 가지고 있으므로 모두가 깨달을 수 있다.'라는 소위 여래장如來藏·불성佛性 사상의 핵심 논서다. 늦어도 5세기 후반에는 인도에서 성립된 것으로 추정된다.

9 『분별론分別論』

붓다의 말씀을 정리한 남방 불교의 7가지 해설서(논서) 중 한 권으로 원어로는 『비방가Vibhaṅga』라고 한다.

10 삼예사의 논쟁

티벳은 지리적으로 인도와 중국 사이에 위치하고 있어 불교가 전파될 때 인도불교와 중국불교 모두의 영향을 받았다. 8세기 말, 티벳은 어느 쪽 불교를 수용할 것인가를 두고 '삼예사_寺'라는 불교 사원에서 중국불교를 대표하는 선승 마하연과 인도불교를 대표하는 까말라실라가 왕 앞에서 논쟁을 치른다. 이것이 티벳 불교의 성격을 규정짓는 유명한 '삼예사의 논쟁'이다. 이때 마하연은 '일체의 사유가 멈추는 상태'를 깨달음이라고 주장하였고 까말라실라는 이에 반대하며 통찰의 중요성을 강조했다. 결국 까말라실라의 승리로 이후 티벳은 인도불교를 정통으로 인정하게 된다.

11 「삿짜까 수행자와 길게 나눈 대화의 경전」

수행자인 삿짜까가 붓다에게 찾아와 문답하며 진리를 알아가는 과정을 전하는 경전이다.

12 「숫타니파타suttanipāta」

'잘 설해진 법문'이라는 의미로 불교 경전 중 『법구경』과 더불어 가장 오래전에 형성된 것으로, 『법구경』보다 더 오래된 경전으로 추정된다. 초기 불교 수행자가 깨달음으로 가는 모습을 이론적, 해설적으로 보여주기보다 감동적인 싯구로 표현하고 있어 많은 감흥을 주는 경전이다.

13 「아비다르마 삼웃짜야Abhidharmasamuccaya」

중관_{中觀} 사상과 더불어 대승불교 철학의 양대 사상인 유식_{唯識} 사상을 설명하는 논서(해설서)로, '진리에 관한 모음집'의 의미이다. 한문 번역본으로는 『대승아비달마집론大乘阿毘達磨集論』이라고 한다.

14 『아비다르마코샤』Abhidharmakośa

'진리를 풀이한 사전'이라는 의미로 약 4세기 경에 인도의 위대한 학
승인 바수반두가 방대한 불교 교리를 정리하여 저술했다. 중국에서
는 이 제목을 소리 나는 대로 번역하여 『아비달마구사론阿毘達磨俱舍
論』이라고 한다.

15 『유가사지론瑜伽師地論**』**

'수행자의 수행 단계에 관한 논서'라는 의미로 방대한 분량으로 구성
되어 있다. 유식唯識사상은 물론 대승불교 철학에 있어 매우 중요한
논서이다.

16 율장律藏

불교 교단 내 수행을 위해 지켜야 할 행위와 불교 교단이라는 공동체
생활을 위한 규칙을 모아 놓은 것이다. 율장은 경전의 모음인 경장經
藏, 이에 대한 해설서를 모아놓은 논장論藏과 더불어 삼장三藏으로 불
리며 넓은 의미의 경전에 포함된다.

17 『중론中論**』**

대승불교의 핵심인 공空 사상을 확립한 나가르주나Nāgārjuna(기원후
150?~250?)의 논서로, 나가르주나는 붓다의 연기법을 공으로 치환해
설명한다. '귀경게'는 중론의 머리말에 해당하는 부분으로 나가르주
나는 연기법을 천명한 붓다를 찬탄한다.

18 『청정도론淸淨道論**』**

약 5세기에 붓다고샤가 저술한 붓다의 가르침에 관한 해설서로 원어
는 『비슈디막가』Visuddhimagga라고 한다.

19 하나의 모음

『앙굿따라 니까야』에는 숫자와 관련된 내용으로 분류된 '하나의 모음', '둘의 모음', … , '열 하나의 모음' 아래 9, 557개의 짧은 경전들이 수록되어 있다.

20 『화엄경華嚴經』

'부처님을 아름다운 꽃으로 장식하는 위대하고 큰 경전'이라는 의미를 가진 『대방광불화엄경大方廣佛華嚴經』의 줄임말로 이 우주의 모든 존재가 서로 끝없이 이어져 있음을 강조한다. 인도보다 특히 한국, 중국, 일본 등 동아시아 불교문화권에서 큰 영향을 끼친 경전으로, 중국에서는 이 경전의 사상을 기반으로 두순 대사(杜順, 557~640)가 화엄종이라는 종파를 창시했다. 이후 지엄-법장대사(法藏, 643-712)로 이어지는데 통일 신라의 의상대사(625~702)는 당나라에 유학하여 지엄 문하에서 법장과 함께 공부하였다. 의상 대사는 귀국 후 경북 영주의 부석사를 건립하여 해동 화엄의 초조가 되었고 이후 한국에는 해인사, 화엄사, 범어사 등 많은 화엄종 사찰들이 건립되어 한국 불교에 큰 영향을 끼쳤다.

21 『화엄일승십현문華嚴一乘十玄門』

'화엄경의 진리를 열 가지로 정리한 가르침'이라는 의미로, 중국 화엄종의 2대 교조이지만 실질적 창시자로 불리는 지엄대사(智儼, 602-668)의 저작이다.

미주

1 현대불교신문 2017. 5.10 https://www.hyunbulnews.com/news/articleView.html?idxno=291587

2 Alubomulle Sumanasara(2009)『瞑想と悟りの分析―ブッダの実践心理学(アビダンマ講義シリーズ第7巻)』サンガ, pp. 27~28.

3 인도 고대 성전인 리그 베다에 전해지는 여러 신 중 최고신 인드라Indra가 불교로 흡수되어 불법을 수호하는 신으로 됨. 제석천帝釋天으로 한역됨. 인드라 망은 제석천이 머무는 궁전에 끝없이 펼쳐진 그물로, 그 그물에는 끝없이 많은 구슬이 달려서 서로가 서로를 비춤. 이 세상 모든 존재가 관계 맺고 있음을 비유적으로 표현할 때 사용됨.

4 월간 불교문화 8월호 https://blog.naver.com/kborisim/223546389265

5 Alubomulle Sumanasara(2009)『瞑想と悟りの分析―ブッダの実践心理学(アビダンマ講義シリーズ第7巻)』サンガ, pp. 29~31.

6 Alubomulle Sumanasara(2009)『瞑想と悟りの分析―ブッダの実践心理学(アビダンマ講義シリーズ第7巻)』サンガ, pp. 96~100.

7 Alubomulle Sumanasara(2009)『瞑想と悟りの分析―ブッダの実践心理学(アビダンマ講義シリーズ第7巻)』サンガ, pp. 102~104.

8 Alubomulle Sumanasara(2009)『瞑想と悟りの分析―ブッダの実践心理学(アビダンマ講義シリーズ第7巻)』サンガ, pp. 104~105.

9 WISIAN(동국대학교 신문사), 2018. 11.27 투고 칼럼 축약https://www.donggukin.or.kr/news/articleView.html?idxno=5804

10 권오헌(2022),「고독사, 한국사회의 위기와 죽음의 탈사회화」『탈사회의 사회』한울아카데미. p.338.

11 통계청. 2022. 7.28일 통계 https://kosis.kr/statHtml/statHtml.do?orgld=101&tblld=DT_1JC1517&checkFlag=N. 2023.1.15 검색

12 월간 불교문화 12월호 https://buddhistculture.co.kr/32/?q=YToxOntzOjEyOiJrZXl3b3JkX3R5cGUiO3M6MzoiYWxsljt9&bmode=view&idx=130657488&t=board

13 에바 일루즈 (2014), 박형신 권오헌『낭만적 유토피아 소비하기』이학사. pp. 163~165.

천 번을 부서져도 그대는 여전히 바다다

초판 1쇄 인쇄 2025년 05월 05일
초판 1쇄 발행 2025년 05월 12일

지은이 정상교
펴낸이 이부연
총괄디렉터 백운호
책임편집 윤다희
표지디자인 스튜디오포비

펴낸곳 (주)스몰빅미디어
출판등록 제300-2015-157호(2015년 10월 19일)
주소 서울시 서대문구 충정로 35-17, 인촌빌딩 501호
전화번호 02-722-2260
인쇄·제본 갑우문화사
용지 신광지류유통

ISBN 979-11-91731-79-8 (03190)

버티려 애쓰지 말고,
유연하게 흔들려라!

★★★★★

김경일·김주환·문요한·채정호 등
대한민국 대표 정신 건강 전문가 강력 추천!

단순히 심리학자로서가 아니라 한 인간으로서,
이 책의 존재가 가지는 의미에 고개를 끄덕이게 된다.

- 김경일 인지심리학자 《타인의 마음》 저자 -

인생의 무게를 반으로 줄이는 마음 수업
흔들릴 줄 알아야 부러지지 않는다

김정호 지음

이제는 너를 탓할 시간에
나를 아끼는 일에 집중하기로 했다!

혼자 잘해주고 상처받는 사람들을 위한 인간관계 수업

【 이런 사람에게 이 책이 필요합니다 】

· 가까운 사람과 매번 같은 문제로 다투는 사람
· 나만 잘해보려 애쓰는 관계에 이제 지친 사람
· 직장 내 인간관계에 피로를 크게 느끼는 사람
· 누군가와 함께 있어도 외로움을 느끼는 사람
· 소중한 사람과의 이별로 아파하고 있는 사람

관계에 휘둘리지 않고 나를 지키는 방법
너를 미워할 시간에 나를 사랑하기로 했다

윤서진 지음

혼자가 편하다는 가짜 기분에 속지 마라!
잠시 관계의 신호가 어긋났을 뿐이다!

30년 경력 심리학자가 알려주는 인간관계의 기술!

【 혹시 이런 적 있지 않나요? 】

☐ 가족에 대한 불만이 있어도 쉽게 말하지 못했다면,
☐ 연인과의 관계에서 나 혼자만 노력하는 것 같다면,
☐ 친구와 관계가 틀어진 뒤 오랜 시간 힘들어했다면,
☐ 상대가 공감해주지 않을까봐 말을 잘 못 꺼냈다면,
☐ 대화가 끝난 뒤 괜한 말을 한 것 같아 후회한다면,

당신에겐 이 책이 꼭 필요합니다!

관계에 지친 나를 보듬어주는 치유의 심리학
혼자가 편한 게 아니라 상처받기 싫은 거였다

하정희 지음

문제가 나를 붙들고 있는 게 아니라, 내가 문제를 놓아주지 않는 것이다!

홀가분한 인생을 만드는 30가지 법칙!

★ 이 책을 꼭 읽어야 하는 사람들 ★

- 몇 년 전의 실수가 가끔 떠올라 얼굴이 화끈거린다
- 무례한 질문에 받아치지 못하고 집에 와서 후회한다
- 남한테 부탁하기가 부담스러워서 혼자 다 떠맡는다
- 오랫동안 연락 없던 친구가 내심 불편하지만 참는다
- 무기력 때문에 미루고 미루다 발등에 불이 떨어진다

나답게 살기 위한 30가지 삶의 태도
스쳐지나갈 것들로 인생을 채우지 마라

고은미 지음